爱有8种习惯
8 Habits of Love
Overcome Fear and Transform Your Life

消除不安全感，让生命自由安宁

【美】艾德·培根 Ed Bacon◎著　聂传炎◎译

中央编译出版社
Central Compilation & Translation Press

To Hope

the coeur in my courage

献给霍普

她是我的勇气之源

目录
Contents

前言	i
爱的习惯	v
我们都是至爱者	viii
接受习惯	ix
开启你的心灵和智慧	xii
第一章 慷慨的习惯	1
开放而慷慨的心灵	7
宇宙是仁慈的	9
亲情的传递	12
匮乏的神话	15
给予越多，得到的就越多	18
尽力慷慨大度	22
接纳新颖的对策	23
感恩的祝福	26
如何践行慷慨	28
第二章 静默的习惯	33
温暖我们的心	37

静默的迫切需要	39
和上帝同心	42
让你的"图图"发挥力量	44
找到节奏	46
成为学习者	49
打开心门	51
如何修习静默	53

第三章　求真的习惯　57

寻找我们内在的道德指南针	61
通向真理的道路	64
行动的勇气	67
你的真理 VS 我的真理	70
走在路上	72
如何实践真理	75

第四章　坦诚的习惯　81

说出心里话	85
从恐惧到爱	87
坦诚需要勇气	88
当坦诚事与愿违	91
"真实"是复杂的	94
当我们的存在遭到质疑	97
坦率能帮助我们洞穿外表	100
当你需要援手之时	102
发自内心的交流	104

如何实践坦诚　　　　　　　　　　106

第五章　游戏的习惯　　　　　　　　　111

　　　孩子的奇迹　　　　　　　　　　115
　　　将绳子放松　　　　　　　　　　117
　　　当游戏融入我们的所有活动中　　119
　　　摆脱恐惧和疾病的羁绊　　　　　120
　　　打开创意之门　　　　　　　　　123
　　　当无法游戏时　　　　　　　　　125
　　　转化悲伤的时刻　　　　　　　　127
　　　如何实践游戏　　　　　　　　　130

第六章　宽恕的习惯　　　　　　　　　135

　　　正能量的流淌　　　　　　　　　139
　　　变得完整　　　　　　　　　　　141
　　　当生活不公时　　　　　　　　　143
　　　的确事关我们　　　　　　　　　145
　　　自由地继续前行　　　　　　　　147
　　　愿望本身让我们自由　　　　　　149
　　　换位思考　　　　　　　　　　　151
　　　宽恕自己　　　　　　　　　　　153
　　　责备游戏　　　　　　　　　　　155
　　　当宽恕治愈他人之时　　　　　　158
　　　如何实践宽恕　　　　　　　　　159

第七章　慈悲的习惯　　　　　　　　　163

　　　"至爱者"安住在所有人的心中　　167

	寻找圣洁之光	169
	无条件的爱	171
	当爱受到阻挡之时	174
	免于恐惧	176
	慈悲有助于治愈	178
	帮助他人自助	181
	道德自我	183
	如何实践慈悲	184
第八章	社群的习惯	189
	我们在故我在	194
	与人数无关	196
	没有陌生人	198
	需要被聆听	200
	讲述的勇气	202
	让光照进黑暗	204
	从众心理的危险	206
	社群接纳差异	208
	"氛围"的能量	210
	如何实践社群的习惯	211
最后的话		215
致　谢		220
作者附言		224

前　言

当爱被照亮的时候，
爱人从至爱者那里学会如何燃烧。
火焰被这位挚友点燃让飞蛾破门而入。
爱是至爱者赐予爱人的馈礼……
　　　　　——阿布-赛义德·阿比尔-海尔①

请与我共同探险吧。这是从生到死的旅程，它将引领你到达心中至为幽深而神圣的处所。这个宏伟的内在圣所安住在每个人的心中，世间的任何人都不例外。当我们抵达这个圣所，它就让我们在爱中扎下根基，赐予我们应对恐惧的勇气和坚韧。而当我们向丰盈之爱敞开心灵，我们不仅能改变自己的人生，也能改变

---

① 阿布-赛义德·阿比尔-海尔（Abu-Said Abil-Kheir，967~1049），早期的苏菲派诗人，著有《爱的乞求》、《当爱来临》等诗。本书中所有脚注均为译者注。

周围人的人生,让世界变得更加公平、安宁并充满爱意。

我花了一辈子时间才认识到:学会在每个岔路口接纳爱并实践爱的习惯,是我们人类最深的责任。我恳请你,在这场漫长而曲折的旅途中与我相伴,这样,我们就能与许多人携手同行,迎向更美好的人生,以及更美好的世界。

那些驾机穿越声障的人说,在就要成功穿过时,驾驶舱会剧烈地摇晃。同样,正是经历了若干动荡——决定成为牧师,撇下我童年时代的宗教,在美国各地和截然不同的教会共事,学习扮演父亲和祖父的角色,并和妻子霍普分享人生——之后,我才形成了本书所谈论的爱的习惯。但是,当我还是个小男孩时,我就开始模糊地意识到,有个什么在这动荡而精彩的旅途中引领着我前行。

我们住在杰瑟普小镇上,毗邻一座位于松林中的古旧火车站,这里属于乡野的佐治亚州。我的父亲是个浸礼会讲道人、校长,后来成为了市立学校的学监。而我的母亲是个教师。我们的家忙碌而温馨,墙上装饰着宗教画,架子上摆放着无数珍贵的小物品。在我很小的时候,我卧室的抽屉柜上方就悬挂着经过简单装裱的耶稣祈祷画像。十八年来,我每晚看着这幅画入睡,第二天早上睁开眼,首先映入眼帘的也是它。

我还清晰地记得画中的每个细节:在葱翠的果园中,耶稣穿着粗陋的无袖外衣跪在草地上,身旁是粗凿的巨石。他仰着头,神色坦然而平静。明亮的光束从天而降,柔和地沐照着他的脸庞。他似乎乐意接纳这道光照进心中,但他的神情表明,他知道,这道光早就存在于他的心中。他已然回家。在爱之精神的鼓舞下,他认出了内心的圣所,它让生命扎根于爱的力场中。因此，我也夜夜感到安全、欣慰并充满力量，安住在爱与接纳的永恒之光中。

因此我形成了深刻而日益成熟的认识：所有人都被爱之能量联结起来。然而，在我小时候，我接受到的其他教导却和这种认识产生了抵牾。在父亲的布道中我形成了这样的上帝观：上帝是愤怒的、严厉的、审判罪恶的。在我的身边，我看到那些被边缘化的受苦者，尤其是非裔美国人。我经常纠结于内心的迷茫，感到非常孤独，既不被人理解，自己也懵懂无知。此外，在那些年里，我见到的另一幅景象也强化了这些不同现实体验之间的冲突。

一个夏日的午后，趁父母不在家，我溜进了他们的卧室。窗户附近的桌子上摆着家用《圣经》。书中的故事配有精美的蚀刻图案，颜色绚丽多彩。我喜欢翻阅书中的故事，浏览其中的图画，直到有一天，我的目光停在了书中的"启示录"上面。

画面上是壮观的绿色田野，田野中人山人海。但是，在人们脚下，大地却撕裂开来，地狱的黄色火焰窜出来，吞噬了所有未曾得救的人们。田野中挤满了男人、女人和孩子，有些人被高举到耀眼的云彩当中，据说这些人是基督的选民。其他人的脚下都是火焰，他们脸上流露出恐惧的神情。这些人没有得到基督的怜悯，因而注定受到地狱之火的焚烧。

我记得最深的是，由于善与恶、救赎与诅咒的区别，某些家庭被活生生地分开。有些孩子坠入死亡的深渊，他们的父母却幸福地荣升天堂。当然也有些相反的例子。这不仅让我感到惶恐不安（我死后会去哪里呢），也让我担心那些我认识并热爱的人们（他们死后会去哪里呢）。我认为，即便在我所住的小镇，我也

永远无法碰到某些熟人了,尽管我事先并不认识他们。我顿时感到厌恶不已,猛地合上《圣经》,跑到了屋外。

这两幅景象令人印象深刻,描述了爱与恐惧的相反场景,它们促使我踏上了自身的人生改变之旅,去努力发现自我、治疗和侍奉。它让我在灵魂深处觉得,这两个彼此矛盾的故事不能同时存在,而为了完全接纳其中某个故事,我必须抛弃另外一个。

此后,在无数看似平凡的小事中,我开始意识到爱的决定性作用:爱能够赐予我们自由,让我们充满喜乐,并引导我们的人生。这种日益强烈的意识让我产生了坚不可摧的信念:每个人内心深处都存在着爱与善。无可否认,世界和人类在承受着真实的罪恶,然而,与此同时,这个世界并没有分裂成好人与坏人、蒙福者与被诅咒者两个阵营。相反,每个人身上都具有神圣的本质,任何邪恶都无法摧毁和扭曲它。

我将这种神圣的本质称为"至爱者"(Beloved)[①],意识到它并让它引导我们的人生,就能够改变自己的人生道路。每当爱、纯朴、接纳、灵感、敬畏或惊奇忽然涌现的时候,或者,当我们感动得潸然泪下或充满喜悦的时候,就必须提醒自己:这是真正的我。万万不能对这样的瞬间熟视无睹,而必须停下来,品味这样的瞬间,并据此待人处世,祈求自己在未来更多地经历这样的瞬间。本书因此吁请各位读者也效仿我的做法,开始这场永无止境的探险,并以本书作为指南,迈开自己的步伐。

在创伤与怨恨、恐惧与不安、贫穷与癖好的背后,我们都被

[①] Beloved是全书中贯穿始终的一个基本概念,含义非常丰富,后文中均译为"至爱者"。

前言

深深地、无条件地爱着。因此，我们也能够深深地、无条件地、毫无畏惧地去爱。正是在实践爱的习惯的过程中，我们能够让自己免于恐惧，从而改变自己的人生。在人际交往的每个同心圆中，我们都能设法将人们凝聚起来，而不是画出敌我分界线，在人们中间制造分裂。

当我们接受本书介绍的八个习惯以后，我们就能意识到，我们对所爱的人乃至陌生人所表现出来的不耐烦和消极反应，没有考虑到他们的意图、梦想和我们的共同目标。我们从教育孩子的经历中认识到，当我们抽身而出，不再因为担忧和期望而限制他/她们时，我们就能更认同率性和冒险。在社会中，当我们敞开心灵时，我们自然会变得更积极，更负责。在工作中，当我们敞开心灵时，就不容易闹误会，也能更深切地感受到相互之间的联系。我们和他人的交往就会充满慈悲和善意。

当我们发挥爱的能量时，我们就撇下了恐惧，转而奔向鼓舞人心的新目标：在生活中敞开心扉。

爱的习惯

在本书中，我尽量考虑了读者的人生状况，并提供各种对策，帮助他们找到下述问题的答案：如何尽力过最有意义的生活？对我来说，那种生活是怎样的？我如何在内心中找到勇敢而充满创造力的声音，并在自己以及我关爱的人们被严峻的现实围困时，仍然信任那个声音？我在生活中如何前行？就此而言，家庭、企业、职员、董事会或民族应该如何摆脱恐惧的力场，进入

爱的力场？所有这些会给那些受难者的人生带来什么变化？

这是一段能够改变生命的漫漫旅途，当你接受爱的八种习惯时，你就踏上了这段旅途。随着时间的流逝，爱的习惯将会以深刻而振奋人心的方式改变你和周围人的生命，也许这听起来有些狂妄，但它却是我最深切的愿望。我真心相信，将这些习惯融入我们的日常生活，就能让世界变得更美好。如果我们能敞开心扉，那么，随着岁月流转，最终我们不仅会改变自己，也会改变周围的人。

如果持之以恒地加以练习，这些爱的习惯真的能够养成习惯，从而改变我们的所思所行，从根本上改变我们最爱的人、陌生人以及整个世界与我们之间的互动。当我逐渐认识到世间的每个生物都被关爱时，我领悟到：这些习惯能够帮助我们用全新的眼光去看待自己和周围的人。

就某些方面而言，爱的每种习惯都简单至极，不需要任何高深的学术知识或高尚的宗教精神，但每种习惯都要求我们内省，以辨别和接触到那个爱与被爱的自我，从而敞开心灵。然而，对很多人来说，认识到我们内在的善良——在本书中称为"内在的至爱者"或我们内心的圣所，是最难跨越的障碍。在本书介绍的八种习惯中，每种习惯都将给予你洞见、能量和灵感，帮助你完成这次跨越。

慷慨（generosity）[①] 的习惯是指敞开心扉，以便我们能够给予和接受。这个习惯让每个人都能够将自己获得的礼物传递给他

[①] 英文中的generosity既有"慷慨大方"的意思，也有"宽容大度"的意思，故本书中会根据具体的语境，有时译为"慷慨"，有时译为"宽容"。

人。在这个过程中,我们真正变得富有。在静默的习惯中,我们体验到,每个人都被深切、彻底而毫无保留地爱着,地球上其他人也都如此。当我们感到迷茫、疯狂、恐惧或无能为力的时候,重新静默下来能够让我们恢复沉稳的信心,并看清接下来应该怎么做。与许多人的看法相反,我们不能完全拥有求真的习惯,但它却会在我们的整个人生旅途中逐步引导我们。它阐释了家庭、文化、宗教传统遗留下来的东西,并告诉我们,为了拥有广阔而自由的人生,我们需要摒弃哪些东西。

坦诚的习惯非常重要,因为它会频频遭受误解,但这种习惯能够改变所有当事人的人生。这需要有勇气进行艰难的对话。坦诚地面对与我们共事和交往的人们——不仅仅是与我们关系亲密的人——能够加深而非伤害彼此的感情。当我们过度劳累或压力过大时,恐惧会像病毒那样滋生出来。如果将游戏的习惯运用到生活当中,它所产生的喜悦能够救治我们,让我们不会因为心灵过于紧张和封闭而去伤害自己或他人。

如果我们在心中奉行宽恕,我们的生命就能不断前行。但从宽恕中受益的不止是我们。养成宽恕的习惯以后,我们对他人的感受以及与他们相处的方式也会发生变化,从而能积极地影响周围越来越多的人。让许多人意想不到的是,宽恕的习惯其实是在释放自己,而不是他人,而慈悲的习惯则向他人显示出自己内在的善良。最后,社群的习惯教给我们活跃在宇宙核心的真理:为了成就更完满的人性,每个人都需要他人的存在。我们在故我在(I am because we are)[①]。我们无法独自变得仁慈或高尚。

[①] 出自德斯蒙德·图图(见后面注),后来麦当娜据此拍摄出了反映非洲马拉维贫穷生活的同名纪录片。

实践这八种习惯能够拓展我们的内在空间和人际交往空间，我们能够真切地感受到爱的神圣力量会战胜并驱散心中的恐惧。如果爱是我们正在攀越的峰顶，那么，恐惧就是途中最大的障碍。然而，当我们向爱敞开心扉时，我们就开启了心智，选择去追随爱而非恐惧。无论我们听闻了多少鼓舞人心的经文、故事、讲座和布道，没有任何东西能够像发现我们内在的爱之丰盈那样令人喜悦。我将安住于所有心灵之中的这种爱称为"至爱者"。本书中介绍的爱的八种习惯有助于我们了解每个人心中的这种爱与力量的本质。

我们都是至爱者

若干年以前的一个周日上午，艾伦在主日崇拜以后向我做了自我介绍："早上好。我叫艾伦，是个犹太人。我觉得有必要讲讲我来到这个地方的原因。"

我是个基督教牧师，每周都会在加利福尼亚州帕萨迪纳市的圣公会诸圣堂讲道并主持圣餐仪式。她的话激起了我的好奇心。我说："请讲。"

"精神科医生推荐我来这个教堂。他说，每次你提到'耶稣'、'基督'或'基督教'时，我都不必纠缠于这些字眼，而应该留神你如何谈论人生。"

我感到惊喜参半。同样的，我在本书中想要谈论的是人生，而不是灵性和宗教。我不想在书中谈论"上帝"，这样或许会被解读成某种形式的神学论文。相反，读者，我请求你，和我共同探讨某种共同的、治疗性的、鼓舞人心的能量,也就是我所说的"至爱者"。就像"上帝"这个字眼,"至爱者"的含义远远比单纯的言辞所能表达的更加深刻和神秘,也更能改变人生。

我有个睿智而亲密的穆斯林朋友,他说:"上帝不属于任何宗教,相反,每种宗教都属于上帝。"至爱者安住在每个人心中,每个人也都安住在至爱者心中。

听到或读到"上帝"这个字眼时,有些人就会不由自主地浮想联翩——这些联想有好有坏——联系到身、心、灵的各个方面。屡见不鲜的是,这些涵义既没有促进包容,也没有促成和解。宗教历史充斥着种种可悲的暴行:人们打着上帝的旗号来捏造敌人和异教徒,将后者定为邪恶者,以便为暴力行为辩护,按照他们的逻辑,那些攫取权力的人们将会"得救"并最终统治世界。因此,毫不奇怪,不计其数的人们因为智力、灵性和道德的正直感而信奉较高境界的无神论——说到特定的上帝概念,我本人也是个无神论者。

本书囊括了众多不同的学者、诗人或其他思想家的观点,而不是狭隘地定义概念,或依赖于某种思想体系。我汲取了许多古人的智慧,比如:老子、苏菲派诗人、希伯来《圣经》的伟大先知、佛陀以及耶稣。在我的灵修道路上,甘地、托马斯·默顿①、马丁·路德·金和大主教德斯蒙德·图图②等现代思想界巨擘都是

---

① 托马斯·默顿(Thomas Merton,1915~1968),美国作家及天主教特拉普派修道士,20世纪最著名的基督教神秘论者。著有《盲狮的眼泪》、《天堂里的静默》、《行动世界里的静观》等书。

② 德斯蒙德·图图(Desmond Mpilo Tutu,1931~),南非开普敦圣公会前任大主教,也是南非圣公会首位非裔大主教。

我的引路人。尽管我们秉持各不相同的独特概念框架,但我们都认为:对至爱者的体验比任何宗教认同或分歧都更加深刻。我在此处想要尽力描述的是贯穿于每个部落、教派和思想体系当中的普遍动态。人生的核心话题就是:在我们自身的存在和人际交往中克服恐惧的力量,发挥爱的力量。当每个人都觉悟到在我们心中的爱——至爱者——的力量,并利用它来消除恐惧、敞开心扉的时候,各种宗教和神学就能相安无事了。

接受习惯

我认识唐,他是个英俊而魁梧的会计师,头发乌黑,笑起来很腼腆。十年前,他首次来到帕萨迪纳的诸圣堂时,我已经在那里当了十五年的教区牧师。当时他喜欢争辩,充满怀疑又犹豫不决。他和前妻萨拉在漫长的争吵中离婚,此后始终摆脱不了愤怒感和失望感。监护权之争让他无法接触到他的长子,这远远超出了他的预期。"我垮掉了,对未知充满恐惧,整日沉浸在对昔日生活的怨恨和遗憾之中,以此来安慰自己。"

最后,他认识了自己爱慕的会计师同行安格拉。尽管再婚让他感到有些不安,他却深爱着安格拉,信任她,想要和她创造新生活。他们在诸圣堂成婚,并生了一个孩子,还抚养安格拉和前夫生下的小女儿。然而,唐仍然感到孤独无依。他在深夜辗转反侧,思索着事情为什么会变得这么糟糕。他从事会计工作收入不菲,有个可爱的妻子,也有漂亮、健康的孩子——想必生活应该很幸福吧?事实并非如此。他觉得自己的人生还不踏实。

在此期间，唐和安格拉每周参加诸圣堂的活动。在我周日的布道中，我经常谈到爱的习惯，并始终强调说，当我们向爱敞开心扉时，就会感受到强大的、让人获得自由的力量。

唐听着我的布道，他听到了至爱者的呼唤，并作出了回应。

首先，他努力敞开心扉，变得更加慷慨，这样，他能重新感受到真诚的、让人获得自由的感恩之情。"我们要付出巨大的努力，才能不沉溺于那些击垮我们或让我们忘却感恩的事物。正是在对我们所拥有的东西心怀感恩时，我们才会想起，我们被爱着。"唐说。他的生活就像大多数人那样忙碌不堪，承担着各种责任，要做很多事情，但是他设法在每天的日常生活中安静下来。随着时间的流逝，他自觉地做出努力，改变自己与萨拉和儿子的相处之道，始终用爱来战胜恐惧。他和前妻的讨论范围不再仅限于孩子的后勤问题，他会主动询问萨拉手中的工作，当她回答时，他会耐心地倾听。他心中的愤怒开始消失，他尽量自觉地怀着爱意去接近她。

"我越来越向潜在的爱敞开了心扉，"唐解释说，"安格拉与我变得乐观而大胆。恐惧退缩了。"他开始内省，想要了解是什么东西让他充满如此强烈的恐惧。他知道自己如今有能力做出不同的抉择，于是不再纠结于昔日的抉择：他宽恕了萨拉，也宽恕了自己。喜乐再次渗入他的生命当中。当他和孩子们相处时，他常常充满孩子般的朝气，这让他以全新的、充实的方式享受着与他们相处的乐趣。最重要的是，在这个过程中，他逐渐认识到了自身和前妻身上的那个至爱者。他释放出自己的恐惧，接纳了心中的爱。随着时光的流逝，萨拉看到了唐的态度的变化，开始用同样的方式来回应他。

　　唐认为这次改头换面，应该归功于我们在诸圣堂中将爱的习惯融入生活的努力。当然，家庭生活的具体状况仍然非常复杂，瞬息万变，每个人都要怀着爱而非恐惧来努力应付日常挑战。唐强调说，他们的挣扎还没有完全成为历史。"每天安格拉和我都努力怀着爱意来接纳我们以前的伴侣。我无意说它是完美的。"就像所有的家庭那样，他们的生活还在不断进步当中。但是，通过真诚而持续不断地敞开心扉，唐和家人的精神负担都减轻了。

　　此外，还有个很大的好处：通过自觉地去爱，唐不仅改善了自己的生活，也逐渐有效地改善了其家人、同事、朋友和邻居的生活。人生的新气象在不知不觉中持续地传递给了与他交往的每个人，这就酷似于我童年卧室画像中的爱之光芒，向我传达出无所不在的爱意和归属感。唐甚至还没有意识到它，就已经迈出了重要的步伐，推动这个世界变得更加和谐。

开启你的心灵和智慧

　　如果我们能够进入心灵中的那个内在圣所，为自由的缘故而勇敢无畏，为感情、身体、人际和灵性的健康而勇敢无畏，为寻找每个人心中的至爱者而勇敢无畏，那么，我们就会知道自己的使命是什么。我觉得，人生的要义和世界上最美好的事情就是：知道我们究竟是谁。当我们意识到自己深受关爱时，就已经开始了这场旅途。我们可以在生活中敞开自己的心灵和理智，成为平安、和解和正义的管道。

　　在宣讲爱的习惯时，我有幸了解到，当人们在日常生活中选择爱而非恐惧时，他们是如何获得喜乐和自由的。现在，我希望和你分享这些经验。怀着爱意去生活并严格地遵从爱的习惯，已经让许多人的生命变得更加美好。爱的习惯帮助萨利找到了她和妹妹的共同点，此前，她曾经与这个妹妹疏远了很多年。"我开始用不同的眼光看她，看到了她的真诚和激情，尽管这些特质和我的性格完全不同，但都来源于对善的渴望。我们的关系开始缓慢地发生变化。"她说。

杰里和他的兄弟托德多年都没说过话，当他们的母亲被诊断为老年痴呆症时，他甚至打算对托德隐瞒这件事。但是，杰里选择了接纳爱而非恐惧，并热情地、毫无怨意地向兄弟伸出了双手。托德和垂死的母亲重新恢复了联系，他们开始每周聚会，共同创作歌曲，并亲切地称之为"摇摆乐疗法"（Swing Therapy）。"母亲在去世之前非常开心，因为家人之间如此亲密友爱。"杰里解释说，"而最美好的是，我的兄弟现在成了我最好的朋友。"

当苏珊参加儿子的婚礼时，她感到非常恐慌，因为她不得不首次面对前夫的新女友。在面对众人之前，她靠近停车场的路边，安静了片刻，想起她是被关爱的，于是恐惧消失了。"我感到轻松自在，能够真诚地微笑并伸出双手，并意识到，对方肯定也感到很不自在。"苏珊说，"那个晚上非常美好，所有事情都让我很开心，尤其是因为——即便我愿意伪装——当我们相信爱的时候，我们就不必伪装。"

多年以来，比尔都在向其家人讲解何为爱与被爱的自我，何为充满恐惧的自我。"意识到恐惧是爱的对立面以后，我的妻子、孩子和我就能更好地理解人们互相抨击的原因，以及排斥、暴力和仇恨在世界上如此泛滥的原因。"最近他告诉我，"每个人都知

道恐惧,如果我们相信恐惧是许多不幸的根源,我们就能够(也应该)做出承诺,要尽自己的责任来化解这种恐惧。"

在日常生活中,实践本书介绍的习惯有助于让你的生命扎根于爱的能量中。仅仅理性地知道这些东西或者偶尔将它们付诸实践是不够的。我们需要亲身体验,在反复的尝试和失败中实践。这些习惯旨在帮助我们下决心放弃那些消极的、基于恐惧的想法,它们会导致我们做出毁灭性的抉择,无法在生命中做出改头换面的重大变化。正如你将读到的,我差点儿错过了自己人生中的呼召,仅仅靠奉行这些爱的习惯,我才能转变自己的观点,找到勇气来做出亟须的改变。在经历了那个关键性转折以后,我认识到人生就是这样的:在每个瞬间,那个充满爱的自我都会面临着考验。

在我的职业中,给我写信的人来自四面八方,信仰也迥然不同。有些人艰难地抗拒着自身的恐惧、抗拒着宗教与文化实践中的恶习。此外,各种派别的基督徒、犹太教徒、伊斯兰教徒、佛教徒、非宗教徒乃至于无神论者也会给我写信,述说他们在了解至爱者的含义以后,变得多么振奋而乐观。全世界的人们都迫切地渴求灵性生活的指导,以便让生命扎根于爱中并消除恐惧。

正是这种渴望和这些习惯改变人生的能力,促使我相信,应该将这种想法传播出来。我听见了行动的召唤,现在也召唤你共同行动。打开心扉,你会惊奇地发现自己周围所发生的变化。

来吧,朋友——你愿意与我共同来进行这场冒险吗?

爱有8种习惯

第一章　慷慨的习惯

Chapter One The Habit of Generosity

人类的精神就像大海，既需要河水流入，也需要河水流出，这样才能孕育生命，产生能量。当爱从我们心中流出时，更多的爱会流入我们心中。当我们向爱敞开心扉时，我们不仅将这种爱传递给了其他人，也能接受其他人给予的爱。流出决定了流入。我们给予得越多，我们的人生就越有活力，精神就越强大，生命就越深刻。

当我凝视着店铺和街道时,
我的身体突然熠熠生辉;
持续了二十分钟左右,
我感到如此幸福,
似乎我已蒙福,并能祝福他人。

——威廉·巴特勒·叶芝①《踌躇》

沿着以色列/巴勒斯坦的东部边境,浩荡的约旦河蜿蜒而去,孕育出了两大水域:加利利海和死海。加利利海充满了活力,举目望去,到处都生机盎然。有人在水中钓鱼、划船、滑水;有人在岸边休息、吃饭、小饮。每个人都自得其乐。死海位于其南部65英里的地方,是名副其实的"死海"。造成这种鲜明对比的原因很简单:约旦河流入美丽而充满活力的加利利海,然后又从这里流出。流入和流出。吸气和呼气。接受和付出,这就像我们与

---

① 威廉·巴特勒·叶芝(W.B.Yeats,1865~1939),爱尔兰诗人、剧作家和散文家,20世纪最伟大的英语诗人之一,1939年获诺贝尔文学奖。

至爱者的关系。河水从加利利海的南岸流进死海,然后在那里停下来,不再流出。

人类的精神就像大海,既需要河水流入,也需要河水流出,这样才能孕育生命,产生能量。当爱从我们心中流出时,更多的爱会流入我们心中。当我们向爱敞开心扉时,我们不仅将这种爱传递给了其他人,也能接受其他人给予的爱。流出决定了流入。我们给予得越多,我们的人生就越有活力,精神就越强大,生命就越深刻。当人们成为慷慨之举的受惠者时,他们就会敞开心扉,深受改变,并泛起爱的涟漪,漾入宇宙中去。

在我最需要慷慨的时候,我感受到了它的力量,它成为了我人生的关键性转折点。我的父亲仪表堂堂,身材魁梧,说话铿锵有力,能够挫败任何与他意见相左的人。多年以来,当他试图理解我为何做出某些决定时,我都让他感到痛苦而迷茫。就很多方面来说,我们对彼此都是个谜,当他躺在佐治亚家中的床上即将咽下最后那口气时,我和他之间仍然有许多隔阂不曾化解掉。

在密西西比州民权运动的风口浪尖上,我受邀担任一座历史上著名的南部教堂的教长,该地的信众团体在神学和政治问题上都很开明,彼此的信仰各不相同但能兼容并包。这是社会活动与服务发生转型的大好机会,这种整体背景加上个人和职业的发展,让我变得非常兴奋。

然而,接受这份工作意味着让妻子彻底放弃她的重要工作,让孩子们离开他们的朋友和学校,我也得离开祖祖辈辈居住的佐治亚州。它意味着承认我的怀疑,接受做出自我改变的呼召,以便我能够成长并帮助其他人这样做。

我刚刚接到这份工作邀约,胸部立刻感到疼痛无比,让我几

第一章　慷慨的习惯

乎无法呼吸。我感到自己的灵魂仿佛被压在倒塌建筑物的废墟之中。这是个巨大的错误吗？我的家人会以此来反对我吗？在这种痛苦的犹疑和焦虑中，我飞往马里兰州的贝塞斯达市，和我的新导师艾德·弗里德曼博士一起参加研讨会。他和我一样，是个在职的神职人员。不过他是个拉比，我是个牧师。同样，他也知道宗教界和精神疗法界有着动态的交集。

我主动讲述了自己的困境，以此作为案例让弗里德曼拉比和我们的小组成员们讨论。在众目睽睽之下，他接二连三地询问有关我家族的问题——不是我的小家庭，而是我的家谱。这让我感到非常震惊。

我说，我出生在美南浸信会①牧师家庭，是家中的长子。我的父亲、弟弟和我都被任命为佐治亚州南隅农村——该地被小说家弗兰纳里·奥康纳②称为"基督魂摄（Christ haunted）之地"——的浸礼会牧师。我的父亲曾经担任过牧师、校长和市立学校的学监，我向弗里德曼谈了很多关于他的事情。

过了一会儿，弗里德曼拉比凝视着我，说："你必须去见你父亲。你正打算独自闯荡，摆脱他在许多年以前为你规划的人生道路。这个举动很可能会让你不再回到宗教生活，不再回到乡下和养育你的文化中来。你必须立刻去见你父亲，问问这样做是否会让他感到难受。"

尽管我的很多决定都与父亲本人的价值观相冲突，比如离开

---

① 美南浸信会（Southern Baptist Convention, SBC），美国最大的基督教新教教派，信仰立场保守，信徒人数约1600万。

② 弗兰纳里·奥康纳（Flannery O'Connor, 1925~1964），美国小说家、散文家，著有《智血》、《好人难寻》等小说。

5

浸礼会团体，转而成为圣公会教徒，但这位拉比帮我意识到，我始终没有勇气去问父亲对我所做事情的看法，也没有勇气向他解释迫使我做出这些抉择的原因。我们对此完全避而不谈。某种程度上来说，我们的心灵和思想如此亲密无间，如果将灵魂完全赤裸在对方面前，我们会担心其可能的后果。我意识到，我的痛苦来源于担心父亲会反对我。意识到这点让我大为吃惊。之后的午休时间，我径直来到旅馆的房间，打电话给南佐治亚的家人，要求和父亲通话。

我浑身发抖，来回踱着步子，紧张得大汗淋漓。父亲病得相当厉害，我几乎听不见他的声音，因此大部分时间都是我在说话。我解释说，成为教堂教长似乎是我和妻子应该做的事情。对我来说，接受这份工作意味着成为圣公会牧师在灵性上是正确的，因为它反映了我真实的价值观。这意味着我不会回到养育了世世代代祖辈的佐治亚州。

然后，我跌坐在旅馆的床上，心脏仍然跳个不停，我用发抖的声音问父亲："爸爸，所有这些都和你心中长期以来为我设想的生活截然不同。我需要知道，这是否会让你难过。"

我能感觉到，行将离世的父亲躺在和母亲共寝四十三年的佐治亚州家里的床上，在说话时积攒起了全部的气力。最后，我听见他说："孩子，去吧。"

长久折磨我的胸痛立刻消失了。我不再颤抖，声音也恢复了正常。父亲的话就如通行证，带领我穿越恐惧的枷锁，来到爱的广阔力场。他敞开了自己的心灵，让爱之河流毫无阻碍地流进我的心中——就像约旦河流入加利利海并滋养后者那样——这样，他就给予了我所需要的力量，因而我可以将自己爱的全部力量传递给世界。

开放而慷慨的心灵

每个人天生都具有爱心、宽容、同情、慈悲、体贴、快乐而勇敢的特质,富有丰富的想象力。但生命往往充满了障碍。我们会触礁,然后紧张不安地停下来。根深蒂固的恐惧给我们每种可爱的品质蒙上了阴影,让我们的心灵变得消极而封闭,同时严重地伤害自我的身体。科学证明,当我们的生存面临着真实的威胁时,恐惧对我们大有益处。当我们感到恐惧时,血液会从做出思考、创造和自由选择的大脑区域,自动地流向不假思索地做出战斗或逃跑决定的大脑区域。然而,在日常生活中——当我们待在家中、办公室或每天走过的街道时——这种恐惧本能对我们并没有多大的益处。

在每个人的内心深处,都有个内在的圣所,在那里恐惧无法安营扎寨。至爱者就安住在这个内在的圣所中。当我们敞开心灵,接触到这个神圣的处所时,囚禁我们的高墙就消失了。当我们运用爱的八种习惯,感知到这个圣所并被它的爱所包围时,我们就能完全成为真实而充满爱意的自我,无拘无束地生活。主宰我们生命的恐惧倾向被驱散了。我们就此获得了自由,能够利用我们的能力去想象、创造、爱和治疗创伤,增强信心或勇气。最美好的是,每个人通过实践这些习惯,让它们变成名副其实的惯性,借此来"发展"这个内在圣所——亦即内在的至爱者——的力量。

那次对话以后又过了几个月,父亲就去世了。尽管在和我这

个乖张固执的儿子相处时,他心中的恐惧常常遮蔽了慈爱,但是临终前,他知道,这是向我表达真心的宽容并让我获得自由的最后机会了。当父亲向我敞开心扉,将宽容这份美好而常新的礼物给予我时,他永远地改变了我的人生。如今,在我的记忆中,父亲是那个叫我"去吧"的人,因而能让我实现真正的最大的潜能。否则,由于不知道父亲是否会反对,我会感到羞愧或怀疑,这种感受在我的心头始终挥之不去。也许,我就不会成为教堂的教长,从而失去改变人生的机会,无法在平生的工作、侍奉和才能中看到新的维度。我是他的慷慨之举的受馈者,因此,我摆脱了内在的枷锁,不再因为恐惧而大大压抑人生的爱。

宽容源于我们认识到爱并不是你死我活的游戏。爱的力量,基于内心的爱来面对人生的力量,始终是无穷无尽的。只要有人在爱着,就会孕育出更多的爱。生命之河就会流淌,富有创造性的想法就会源源不断,合作和善意就会四处开花结果,扼杀创造力的恐惧就会逐日缩减。当人们出于恐惧而行动,不相信自己可以获得充分的爱和善意时,他们不仅伤害了那些需要帮助的人,也伤害了自己。于是他们成了毫无生机的"死海"。

当我们摆脱自己的消极面和不安全感,不再觊觎或争取他人拥有的东西,并向他人的梦想和价值观敞开心扉时,我们就安住在宽容的精神里面。这让我们在和世界打交道时能够怀着充满爱意、包容和开放的心灵,我们的互动因而会充满活力,并让这种活力双向流动。诚然,慷慨意味着付出时间、资源和精力,但是,也意味着消除人们的顾虑,能够并乐意从他人的视角来看待世界,并放松我们自身绷得紧紧的神经。它意味着用我们的观点和行为来祝福他人。这些祝福会以无数种方式重新流回我们身上。

事实上,"流动"(to flow)是"富裕"(affluent)这个词的词源。就慷慨的习惯而言,富裕就是流向其他人的东西,体现为我们对手中拥有的任何东西的慷慨程度——无论这种东西是我们的注意力,是物质资源,还是我们的爱。如果我们以为富裕仅仅指物质财富,那么,我们也许就不知道,每个人都能够在灵性上非常富裕。

宇宙是仁慈的

最近,我对我的一个学生所说的"宇宙点击"(cosmic click)有了深切体会。作为奥普拉灵性系列访谈广播节目的嘉宾主持,我来到了芝加哥录音棚的大型调音台。东风在室外呼啸作响,我在准备采访一个我极其崇拜的人——史蒂芬·米切尔。自从阅读了一些他翻译的世界上最重要的智慧文学[①]——《约伯记》、《道德经》、《耶稣如是说》、《吉尔迦美什史诗》——以后,我就一直渴望能有机会和他进行深入的谈话。(这些书籍属于现存的最古老的文学残卷,后来米切尔告诉我,他所翻译的全部著作都有一个共同主线,那就是:解释宇宙是如何运行的。)此刻,米切尔就坐在我的对面。我们准备好各自的听筒,并调整好麦克风,然后,我请这个诗人、学者兼译者谈谈他是如何找到其毕生使命的。

他向我讲述了自己二十多岁时经历的惨痛失恋的故事。他心

[①] 智慧文学(wisdom literature),指在古代近东地区常见的文学类型,其特色就是关于上帝和美德的智慧格言。

中太过痛苦,以致完全不知所措。朋友建议他去拜访朝鲜的崇山行愿禅师①,后者是禅宗的高僧,当时在美国罗得岛州普罗维登斯市当电器修理工。米切尔来到他的家中,打算跟他修行一至两周,结果却在他身边待了四年。

在那个播音室里,我意识到,米切尔等到了他平生最神圣、最具决定性的时刻。我们不由自主地改变了谈话的口气。播音室的氛围发生了变化。我们都仿佛身处圣地。他谈到自己跟着这位高僧进行大量的禅修,并体验到了其人生轨迹的内在变化。

"跟随崇山行愿禅师修行时,你学到的最重要的东西是什么?"我问。

他毫不犹豫地回答说:"我认识到,宇宙是仁慈的。"

令人极其遗憾的是,广播此时变成了无信号状态。时钟滴滴答答地响着,宇宙中的万物似乎都纷至沓来,变得明朗起来:我体验到了宇宙点击。但是,尽管我希望继续谈下去,挂在我面前的大数字时钟却告诉我,节目该结束了。

我从容地做出了恰当的总结,但大脑仍然转得飞快。我再次想起了那种试图驾驭信众的宗教昔日灌输到我心中的恐惧,当然,许多别的宗教也是如此。米切尔善良的世界观有悖于我和许多人小时候所接受的教育:要战战兢兢地警惕这个世界。有些人解释《圣经》说,这个世界是"堕落"的,"远离"了上帝的神性。

"原罪"的观点认为,人类和宇宙在本质上是邪恶的。造物主——我们在此处称为至爱者——和被造物之间的联系被切断了。我们

---

① 崇山行愿禅师(Seung Sahn,1927~2004),佛教禅宗僧人,国际观音禅院创办人,著有《千江映月》、《弹灰在禅身》等书。

第一章 慷慨的习惯

的堕落破坏了我们内在的神性。"我们心中没有良善。"圣公会传统的祈祷文如此说。如果这是事实的话，那么，"宇宙是仁慈的"看法无疑是错误的。但米切尔的话驳倒了这段祷文的看法，以及对人类存在的原罪观点。

对于这种主张——宇宙在本质上是仁慈的，而且这种仁慈无所不在——许多人会反观自己的人生和世界的状况，然后怀疑它的正确性。毕竟，我们会遭遇地震、洪水、海啸、火灾、战争、压迫、恐怖主义、犯罪和不义。每天都有人被逐出家园，背井离乡。他们无法找到工作，担心疾病、失业和各种烦心事。接下来的灾难潜伏在每个角落。面对这些现实，我们如何能够说"宇宙是仁慈的"？然而，这是充满恐惧的、心灵封闭的自我的看法，它具有很大破坏性。

这种恐惧的怪圈导致我们对自身和他人的至爱者本性视而不见。它让我们无法认识到，为了齐心协力地谋求共同利益，当我们接触到内在的至爱者本性时，我们是如何有效地减少世界上的苦难的。即便至爱者是取之不竭的，我们也满脑子担心自己并没有充分拥有它。

由于政治和经济环境中时常存在着痛苦的现实，无数人都陷入这种恐惧的世界观中。他们充满怀疑，也许对家庭、团体、领袖和宗教感到失望，因而将心灵封闭起来。阿尔伯特·爱因斯坦曾经说，我们可以扪心自问的最根本问题就是：宇宙究竟是善意的，还是充满敌意的？他指出，我们回答这个问题的方式决定了我们的命运。那天在播音室中，我再次感受到了这种呼召：我应该让人们了解米切尔话语中的真理，从而彻底摆脱恐惧的枷锁和奴役，如果他们能够接受并铭记这种基于爱的宇宙观，他们就能

11

享受到自由。

亲情的传递

在我成为牧师的过程中,我自然会主持许多葬礼。我挚爱的教友西尔维娅与淋巴癌抗争了三年。尽管她非常勇敢,并具有极大的决心,她还是很快离开了我们。在她的葬礼上,我退到旁边,让她的妹妹丽萨上台致悼词,这是西尔维娅生前的愿望。苗条而苍白的丽萨走过来,双眉紧锁。她是个事业有成的女实业家,常常会在回音缭绕的会议室中向众人演讲,但是那天在教堂,她风采顿减,显得有些害怕。她的追忆刚刚持续了几秒钟,就匆匆停下来,无法继续下去。她因为悲伤而哽咽难言。泪水滑下她的脸庞,瘦削的肩膀也起伏不停。教堂里五百多人都屏住了呼吸,整个房间变得安静无比。

过了片刻,西尔维娅和丽萨八十二岁的母亲站起来离开座位,走向她现在唯一的女儿,神态镇定得令人吃惊。然后,奇迹发生了。她站在哭泣的女儿背后,什么话都没说。这个母亲就像结实的木桩支撑着细长的番茄苗,以免番茄苗因为不堪重负而折断。尽管她只微微触到女儿的后背,她的从容却无声而明显地传递给了女儿。在许多宗教传统中,当导师的灵魂和教义被传承给弟子或门徒时,都会发生这种"传递"(transmission)现象。我注意到,丽萨的身体接受了母亲从容和镇定所散发出来的能量。她的声音恢复了正常,重新开始致悼词。最后,她用流畅的悼词见证了已故姐姐的美丽和高雅。

第一章 慷慨的习惯

教堂中的人们松了口气,放下心来,他们也像丽萨那样发生了变化。丽萨致完悼词以后,母女两人手挽着手,走过橡木制作的灵柩,深情地抚摸它,然后回到送葬者的座位上。在我们刚才目睹的这场神奇变化中,没有拥抱或眼神交流,也没有夸张或任何其他表情。为了无私而慷慨地将生命自身的礼物馈赠给子女,母亲克服了自己的悲痛。

当一个人真正在你身旁时,爱会慷慨地赐予坚定的力量,驱走恐惧。这个母亲在女儿的葬礼上就树立了这种鼓舞人心的榜样。当然,这个母亲有权尽情地悲伤——可想而知,人生最痛苦的事情莫过于参加自己儿女的葬礼——但是,她绝没有否认自身的悲痛,而是接纳了它,然后将自身的能量给予了另外那个孩子。就像这个例子所表明的,当一个长辈慷慨地对待晚辈时,慷慨尤其富有力量("辈分"这个词与慷慨有着直接的联系①)。父亲在去世以前就将这种改变生命的礼物给予了我。

要理解这种习惯,就需要认识到:其实每个慷慨的举动都是在给予祝福。在祝福他人时,某种力量就被释放出来了。这种力量能够穿透并挫败源于恐惧的全部抗拒。从外表来看,它或许没有立竿见影的效果,但是,被祝福者的内心却被触动。就像丽萨在致悼词时那样,变化已然发生了。正如爱尔兰诗人和天主教学者约翰·欧多诺休②所说:"当个人的天赋或需要契合祝福所传递出来的力量时,就会开始发生重大的变化。"在《赞美我们的生活》这本书中,他写道:"世界可能是残酷而阴暗的,但是,如果

---

① 辈分的英文单词是generation,而慷慨的英文单词则是generosity。
② 约翰·欧多诺休(John O'Donohue,1956~2008),爱尔兰诗人、哲学家、神秘主义者,以宣扬凯尔特精神而广为人知,著有《永恒的回声》等书。

我们始终具备慷慨和耐心,善必然会彰显自身。在人类灵魂的深处,有些东西似乎取决于善的存在。"

当然,真挚而慷慨的祝福并不需要"祝语",它与我们自身的灵性——那个爱与被爱的自我——有关,而与任何特定的宗教实践无关。一天早晨,我起床后收到了一封邮件,寄信人在结尾问候时写道:"永远祝福你。"读这些话确实让我感到蒙受了祝福。可以用多种方式来祝福——可能是一个人无声的、恬静淡泊的存在;可能是慷慨的捐款;也可能是乐意展现出耐心,或立刻改变关注的焦点。我曾经收到过很及时的祝福短信,短信中仅仅写道:"我认为做艾德①真好。"我的朋友汉娜每天都会赞美别人,无论是大街上的陌生人,还是办公室的朋友。她会告诉街角处的一个女人,说她的鞋子非常好看,或者和列车上的一个男人亲切地谈论他正在阅读的书籍。看到他们脸上惊喜的神色和接受祝福时发生的变化,会让人觉得无比满足。

因此,我们看到,在实践慷慨的习惯时,给予感情或灵性上的帮助往往与给予金钱同等重要。在本质上,它就是与他人交往中的亲切感。在那个庄严而安静的教堂中,尽管西尔维娅的母亲没有说话,我却认识到:慷慨的习惯具有改变人生的能力,能够让人摆脱恐惧的束缚。如果好发脾气的六岁孩子做了错事,而父亲在惩罚孩子之前先让他镇定下来,这就展示出了慷慨的精神。他将时间这个礼物给了孩子,向孩子表明:仓促地做出判断不仅是无益的,也是有害的。一个公交车上的年轻女人站起来给老人让座,也是慷慨的行为,体现了尊重和优先照顾他人的美德。同

---

① 本书的作者名叫艾德·培根。

样,如果成年儿童①能在忙碌的生活中挤出时间,探望生病的父母,并和他们安静地坐上片刻,这也是慷慨的行为,因为他/她在回报祝福过他的世界。

我认识到,无论是在日常事件中,还是面对最艰难的处境,当我们能够让自己的能量慷慨而无私地流向他人时,那才是最完满的自我。

匮乏的神话

我的朋友奥尔顿是个超级大富翁。然而从他身上,我意识到,即便对我们中间最富有的人来说,对匮乏的恐惧也很难让他们变成慷慨之人,而不仅仅是行善之人。12月的一天,奥尔顿和妻子举办了一个假日聚会。客人们站在餐厅中,啜饮着凹槽水晶玻璃中的香槟酒,而在房中两幅明艳的油画中,他的祖先正用戒备的眼睛审视着人们。他走过来,给我们讲述了一个故事。两天前,他从银行账户中支取了500美元现金,这些现金都是10美元的钞票。然后,他钻进自己的德国宝马轿车,驱车前去探望小镇上那些在小巷或公园中露宿的人们。他怀着舒畅的心情,给每个"穷人"发了10美元。

"艾德,"他向我打了个手势说,"看到这些受压迫的人脸上露出笑容,真的让人感到非常美妙。"

---

① 成年儿童(Adult Children),指在问题家庭成长并在成年后留下内心创伤的人,这类家庭通常有虐待行为或酒精依赖等。

我话到嘴边又咽了下去，努力保持着宾主之礼，但我暗自决定，以后要找机会和奥尔顿好好谈谈。尽管他认为自己在实践慷慨的习惯，但是，他的行为暴露出了他对匮乏根深蒂固的恐惧，这妨碍了他真正变得慷慨大方。慷慨不是慈善。出于慈善精神的给予是指向自我的：捐赠者认为，捐赠品"来自于我或是我的"。志愿服务蜕变成了让人感到自满自得的虔诚，奥尔顿在家中的那次烛光晚会上就是这样。这种行为背后掩藏着的是受惠者是否值得帮助的偏见。它们也阻碍我们帮助人们实现自助——因为这种给予更多涉及我们（和我们的"慷慨"），而与他们无关。

在安排教会每年的管理工作时，我们会要求每个人捐钱，以便支持教会的传教和牧养工作，因此，在次年的10月，我决定在奥尔顿快下班时到办公室和他聊聊。我们喝着茶，亲切地聊着天，然后，我回忆起那个下午他帮助无家可归者的慈善之举。我温和而明确地告诉他，捐更多钱给教会能够更长久地帮助那些无家可归者。在捐给教会的钱中，部分钱款会用来赞助某个中心为无家可归者开办的项目，这个项目不仅会为他们提供食宿，还会提供社会服务咨询，以便帮助他们实现自给自足。项目的宗旨就是向这些贫穷者提供自助工具，而不是给予他们暂时性的安慰。

"奥尔顿，"我说，"我想请你将自己年收入的10%捐赠给教会。"

"唉，艾德，我不能捐赠10%的收入！"他立刻回答道。然后他列举了无数理由，解释他为什么不能这样做。而最根本的就是，那样将无法维持家庭开支了。"我是这样计划的：我会咨询理财规划师，了解一下我可以从来年的收入中扣除多少，然后将这部分钱给你。怎么样？"

第一章 慷慨的习惯

不久，奥尔顿向我保证捐款 1000 美元，这比上一年的捐款增加了 250 美元。当各种信仰的宣讲者为其教会或寺院游说捐款时，都可能遭到怀疑，但我认为，如果某个富豪只将不到 0.01% 的净资产捐赠出来，说他其实没有感受到慷慨的力量一点都不过分。通过这些谈话，我了解到，他对财产的态度是以施舍为导向的。捐赠——无论是金钱还是时间——的行为都可能会让我们凌驾于他人之上，而非证实我们其实是同舟共济、休戚相关的。

我无意就此展开讨论，并集中全部精力来谈论下面这个话题：我们要多么慷慨地捐赠我们辛勤挣来的钱财。相反，我只是想用这个例子说明，在实践慷慨的习惯时，我们往往担心自己在经济或感情上的匮乏。这种感受直接源于恐惧的力场。我必须积敛，必须攫取。我不富足，即便馈赠很少的东西也不行：没有足够的金钱、精力或宽容。我所余无几。在当今的文化中，鉴于全球经济和美好地球的脆弱现状，这种观点尤为盛行。但是，如果我们相信世界在本质上是仁慈的，我们就能敞开自己，让能量慷慨地流入和流出，最终，每个人都能从中受益。

尽管奥尔顿拥有大量的物质财富，却忍受着精神上的贫穷，他认为给予别人的越多，自己和家人所拥有的就越少。人们往往很难表现得慷慨大方，这是因为：他们觉得自己需要更多东西——无论是更多的金钱、赞誉、关注，还是更多的爱——这种观点妨碍了他们。他们认为自己能力有限。就某些方面而言，这当然是对的，但是从另外一些方面来看，又显然是错的。

我在佐治亚州长大，认识城里的哈丁格尔夫妇。不到几年光景，哈丁格尔夫人就相续生了四个儿子，这个家庭显得完美无缺。他们简朴的平房有三个卧室和一个洗澡间，几乎无法容纳全

部家庭成员，当年龄较大的孩子长到十几岁时，情况变得尤其窘迫。桑娅是当地的教师，约翰则是个水暖工。当他们最小的孩子长到十岁时，人们可以在很多场所——杂货店、加油站、灰尘弥漫的操场——见到他们的身影，此外还有年仅两岁的弱不禁风的养女利娅。这个女孩皮肤苍白，长着蓬乱的黑卷发，除了新家人之外，她几乎不敢面对任何人。

多年以来，每逢周末，桑娅、约翰和四个男孩都会到邻近城镇的收容所担任志愿者：他们会做饭和清理卫生，男孩们会修理东西，陪其他孩子玩耍，共同度过安静的午后时光。当利娅的妈妈无法继续照顾她时，桑娅和约翰有感于这个小女孩的极度胆怯，在经济拮据的情况下，仍然勇敢地收留了她。

"生活对我们如此慷慨，"桑娅解释说，"我们身体健康，还有这么可爱的孩子们，家中也充满了爱。我们可以给予许多东西。"随着利娅的到来，花费在年长孩子们身上的开支无疑更少了，但他们能够给予的爱却更多了。这反过来让孩子们获得了祝福：他们的整个后半生都会受到影响。他们没有因为匮乏而感到恐惧。

给予越多，得到的就越多

慷慨让我们关注比自身更广阔的事物。当你践行慷慨的习惯时——即便你最初会有些勉强——你就敞开了自己，以便接受他人的赐予。每当我意识到他人慷慨的习惯时，我都会观察到这种超越自我关注的行为，或者内心不再拒绝给予。

有个朋友和我谈起她最近探访的利亚穆和卡伦。三个星期以前,这对夫妻迎来了他们的第一个孩子。这是个深棕色皮肤的男孩,视力模糊、无法聚焦,哭起来声如洪钟。这一家人住在逼仄而闷热的租用房中,每天忙个不停,几乎连睡觉的时间都没有。在利亚穆失业、卡伦休产假的时候,许多朋友来帮着抱孩子,哄他玩耍。但是,这夫妻俩却往往因为一个微小的举动而激怒对方。我的这个朋友离开的时候忧心忡忡,不知道如何劝解他们。

在去机场的车上,她转向利亚穆露出微笑。"你很了不起。"她说,"只是记住,要宽容对方。"

她认为,这对新手父母更需要的,不是睡眠或更多的帮助,而是宽容对方的态度,要有耐心,善于变通、乐意让步,并在需要的时候做出改变。宽容的习惯能够促进别人的成长,而不是坚持认为别人的想法、奋斗和挑战其实都与你有关。囿于各自的经历,利亚穆和卡伦都无法走出自己的世界,并从对方的角度来看问题。当然,当他们经常宽容对方时,会发现自己也得到了那种宽容:你对别人如何,你得到的回报就如何。

将某些力量给予他人会削弱我们自身,这种恐惧的心理屡见不鲜。我们没有意识到,事实恰恰相反。当我们共同拥有力量时,这种力量不但不会减少,反而会增强。卡尔是制造业界的专家,当大企业决定购买一种软件时,他撰写的报告通常会影响他们的决策。身为一个机构领导人,他在文章署名时常常加上影响力较小的同事。他并不奢求自己成为关注的焦点,而是希望和他人分享财富,因为他知道,这只会让他的想法和观点变得更加有力,也更有利于他所在的行业。米切尔主张宇宙是仁慈的,卡尔则将这种原则付诸实践,相信他会获得长远的益处。卡尔对自己在事

业上获得的声望和影响力充满感恩之情,努力与他人分享,不求回报。正如因可口可乐公司而成为巨富的慈善家罗伯特·伍德拉夫①所说:"淡泊名利的人前途无限。"

不久前,我意识到,当我在行动中不再觉得世界仅仅围绕着我旋转时,世界变得更美好了。在最近的年度静修期间,我住在海拔8300英尺(约2530米)、临近科罗拉多河源头的地方。通常,人们需要花大概72小时才能攀登到这么高的地方。那个星期,我始终呼吸困难,难以入睡。可想而知,我开始患上了慢性失眠症,甚至觉得连深吸一口气都做不到。我应该去看医生吗?我问自己。当大脑中闪过这个念头时,我的心跳立刻加快了。我觉得自己很不对劲,并且无法摆脱这种想法。

距离最近的医疗中心有二十分钟的车程。我吃力地靠在接待员的桌子上,刚刚说出"呼吸困难"之类的话,就听见播音装置中传来低沉的声音,通知分诊护士火速赶来。她让我赶紧躺在急诊室的床上,给我插上氧气,抽血,并做了心电图扫描。我的心跳仍然很快,同时,我在大脑中努力想象着各种最坏的结果。

在这些活动的间隙,有个护士给我倒了杯凉水,急诊室的其他人员也纷纷向我表示关切之情,这时我忽然想到了慷慨习惯的本质。护士吉尔歪着头,用清澈而关切的眼神专心打量着我,不停地询问《爱有8种习惯》这本书的情况,我此前说过自己正在撰写这本书。她想知道这八种习惯是什么。"拥有一本能够帮助我克服日常恐惧的书该有多好啊!"她热切地说,并从制服的口

---

① 罗伯特·伍德拉夫(Robert Woodruff, 1889~1985),1923~1954年期间担任可口可乐公司的总裁,在任期间让可口可乐公司大获成功。同时他也是美国著名慈善家。

袋里迅速掏出铅笔，记下书名，告诉我等这本书出版以后，她马上就会去订购。

这让我从自我关注中醒悟过来。我突然想到，我这么关心自己是否患上了心脏病，而根本没有想到，我在当时——即便身为急诊室的患者——也可以将自己布施出去。我意识到，她这么关心我的灵性生活，我也可以同等程度地关心她。我问起吉尔的灵性兴趣。她有点羞怯地向我谈起，并坦言，作为在护理生涯中关注灵性的人，她曾经打算写书，详细讲述自己的灵性历程。

"你绝对应该著书，"我说，"我确信它会帮助我，也会帮助其他很多人。"

吉尔转过身微笑着看着我，脸上焕发出的光彩完全不同于此前流露出来的职业性微笑。尽管素昧平生，我们彼此的慷慨却打开了一道闸门，让生命之水在我们之间流淌。那种刚刚建立起来的信任感和亲切感几乎触手可及，整个房间的氛围也仿佛发生了变化。

在随后的两个小时里，急诊室里出现了新的变化。交流的性质变得越来越不同。没有人称它是"祝福"、"慷慨"或是"善意"。笑声此起彼伏。我感到自己开始放松下来，其他人似乎也很自在。等到医生向我出示健康良好的报告，严格叮嘱我多喝水并让我出院时，我的血压已经恢复了正常——这本身就是个好迹象——而且，我离开时深受感动，满怀着感恩之情。

就像所有帮助我的人所体现出来的，宇宙在那天非常慷慨。我也相信，它每天都是如此。

尽力慷慨大度

无论我们的动机多么善良，有时候，慷慨大度似乎是无法逾越的挑战。在本章的每个改变生命的故事中，当事人在面对某种内在的抗拒情绪时，都选择了慷慨大度。这种抗拒通常被误认为是"自然的"或"人性的"反应。就慷慨大度而言，最有趣的事情就是：尽管人们的内心会本能地、顽固地反对慷慨大度，然而，人们也都具有安静而神圣的直觉——面对宇宙无限的善和美时，我们应该做出的恰当回应就是共享。我们的确能够走出自我的小小世界，意识到他人的需要，尤其是当你忙得不可开交或与你打交道的人不懂感恩——甚或粗野无礼或无可救药——的时候。

2011年，在一个需要宽宏大度的场合，我的朋友唐做出的本能反应，却是自我保护性地大叫"不"。当费城犹太人社区中心的活动协调员被安排休假时，他刚刚成为该中心的执行主管。与此同时，又有一个叫哈蒂的同事问唐，她能否在一个被拖延了多年的对外项目上少花点时间。

当晚回家以后，唐感到头痛欲裂。这个时机太糟糕了，他恼火地——甚至几乎怒不可遏地——发现，当他正要适应新的工作岗位时，却要面对这样让人身心疲惫的局面。别人交付给他的使命就是对这个中心进行改革，让它重新融入黑人中间，而现在，他有可能会失去两位核心员工。

在最初的恐慌和沮丧消退以后，他开始超越自己的迫切需求和愿望，换个角度来思考问题。哈蒂已经在这个中心待了将近六年。他知道，她在办公室里度过了很多个深夜，上周上班时显得非常疲惫。她显然已经精力耗尽。他可以要求她留下来，在暑假期间担任全职工作，她是不会拒绝的，因为她很尽职，并真心热爱这个组织。但他更知道，这次她的确需要休息。

有什么办法可以积极地看待这种情况吗？正当他盘算着如何让这个中心真正发挥作用的当口，失去两个核心员工对他能有何益处呢？

当他觉得自己开始放松下来——他开始善意地来看待这件事——唐想到，如果允许两位员工离开，就可以在未来的八周时间里节省大量的金钱。他能够利用这些钱——这些钱已经被预算进了他们的工资，但已经不再需要支付——做些什么呢？他可以用它来改造老旧的网站。等到活动协调员和哈蒂在9月初回来工作时，新网站将会建好，并投入运行，每天都能吸引新的成员。通过摆脱充满恐惧的自我，并换个角度来看待问题，新的机遇就呈现在他和组织面前。他能够变得慷慨大度，而从长远来看，其实他能够从这种表面的重大挫折中受益。

接纳新颖的对策

但是，如果力量的平衡变得对你不利呢？我经常收到那些身陷恶劣工作环境中的人们的来信。他们每天上班时心里都不好受——也许某个同事是个恶棍，也许公司文化的竞争性太强，或者员工之间因为嫉妒而互相拆台。公司中缺乏慷慨的精神。苏珊在医院工作，生活中充满了紧张气氛。她的两个老板尤其体现出了这个地方的破坏性氛围。

　　在过去的一年中，工作变得难以忍受，因此她考虑过辞职。但是，有些长期病人是指派给她照顾的。医院离她家很近，她喜欢许多在其他部门工作的同事，有时会和他们共进午餐。等我们探索其余七种习惯时，我们发现：苏珊并没有真正地深陷困境，她能够设法获得静默，寻找真理，并秉持慷慨的精神，坦率地将它传递给她的老板。在此期间，她践行着慷慨的习惯，乐意改变那些坏事。她不能在眨眼之间改变医院的文化，但可以改变自己的态度。因此，她每个月举办一次"酒吧之夜"。最初只有少数人参加，几个月以后，与她发生过冲突的老板也来了，这是她第一次在完全不同的氛围中和他碰面。第二天上班时，事情显得并非那么难以忍受，她的心已经敞开了。她开始在工作中寻找机会宽容地对待"敌人"和朋友，随着时间的推移，她的人际关系变得融洽多了。

　　十几岁时，我曾经给一个汽车配件店当过送货员。虽然我非常尽力，但还是经常傻里傻气，有时也不称职，为此我的直属经理比尔非常头疼。当我迟到或忘记什么事情时，特别是当我将零件送错地方时，比尔会受到配件店经理的严厉斥责。但是，比尔并没有将这种事弄得沸沸扬扬，说"看看你干的好事"。相反，他会把我叫到旁边，用有力的双臂搂住我的肩膀，告诉我什么地方做错了。他在面对自己主管的焦躁时所体现出来的宽容精神，以及他对我所犯错误的洞察能力——而不是消极地看待我的性格——是给我这个年轻人的美好礼物。

　　尽管我从比尔的宽容精神中受益匪浅，但直到后来我才逐渐认识到，让自己做到慷慨大度绝非轻而易举之事。在我和奥尔顿最初讨论过教会年度捐款事宜大约六个月以后，奥尔顿决定取消他对诸圣堂的全部捐款,原因是他不喜欢我的布道。当我给他打电话讨论这个问题时,他狠狠地教训了我,坚称这不是他以前所了解的那个教会。

我决定再次造访他,但这次我感到害怕、愤怒和受惊。拜访他之前,我让自己安静平和下来,尽管我没有感受到他德泽苍生的慷慨精神,但我需要给予他这种慷慨。在那个瞬间,我抗拒住了想要运用策略来改变奥尔顿想法的诱惑,相反,我仅仅决定尽我所能地给予他。做完这个决定,我内心的恐惧和自我关注很快就消失了,取而代之的是改变人生的、源源不断的活力。我造访他没有别的原因,只是想要将慈悲的能量传递给他,而不管他对我说什么。奇迹并没有在眨眼之间发生。然而,当我们面对面坐在那里时,奥尔顿的态度逐渐发生了变化。我们谈到了他的健康、他的家人和他的信仰。我们重新建立了试探性的、脆弱的友谊,它不受任何结果的影响。

我开始意识到,想要改变奥尔顿的愿望也变成了慈善之举:我打算按照某种条件和标准来施舍关于慷慨的价值观。在我和他的关系中,虽然我相信慷慨的力量,但却表现得居高临下,胸襟狭窄。直到我将仁慈给予他的时候(更恰当地说,让宇宙的仁慈流过我的心灵),我和他才能在新的情感氛围——慷慨的氛围——中碰面。

无论你多么愿意传扬慷慨的精神,特别需要记住的是:当你面对挑战时,例如面对一个以自我为中心的、粗鲁的或心胸狭隘的人,慷慨的回应总会在某种程度上让这种挑战向好的方面转化。虽然我与奥尔顿的关系从来就不完美,然而,即便我们彼此意见分歧,在慷慨精神的感召下,当我们怀着开放的心灵和大脑

来彼此沟通时，我们仍然能够达成共识。为了让善意最终流淌出来，这种共识必须成为基础。

感恩的祝福

忘恩负义可以说是最具破坏性的性格特征。它毁掉了人际关系，败坏了人的灵魂。"吹吧，冬日的寒风／你不是这么刻薄／就像人类的忘恩负义。"莎士比亚在《皆大欢喜》中这样写道。忘恩负义者忽略了一个事实：泉水、溪流和江河会汇聚起来，流进大海，而我们每个人都在这片大海上。只有借助于流入我们生命中的至爱者能量，以及其他人身上的至爱者能量，我们才能成为真正的自己。忘恩负义者往往会说："我靠自己的双手挣来了所有东西，这些东西都是我自己劳动的成果。"爱的所有习惯会共同揭示各种错觉和谬论，其中，慷慨的习惯所针对的正是忘恩负义者的谎言。

对我来说，慷慨植根于丰满的信仰和感恩的生活之中，伊丽莎白女士永不消沉的精神和春天般的纯真活力就体现出了这一点。

伊丽莎白八十多岁，是一个充满活力、对知识有强烈好奇心的女实业家。她身体健康，毫无行将退休的迹象。她闪闪发光的红色凯迪拉克跑车充分表明了她的活跃、大胆，以及她凡事乐观的态度。每个工作日，她都去办公室监督她的投资，并和她赞助的各个机构——教堂、剧院、加州理工学院等——保持联系。她热衷于学习前沿的科学知识，但凡有开创性研究的讲座，她都很

第一章 慷慨的习惯

少错过。伊丽莎白是一个医治者，她的双手向许多人传递出了治愈性能量。同时，她又是一个早期的女权主义者，帮忙和引导诸圣堂改变崇拜用语，让它更具包容性，她也赞成任命女性神职人员。

她对悲伤和失败并不陌生。不择手段的商业合作伙伴骗取了她数百万美元的资产；一个儿子在童年时染上了危险的疾病；她深爱的丈夫如今深受老年痴呆症的困扰。她灾难频频，流尽了泪水。无数的事件都足以让她成为"死海"。但她接纳了这颗破碎的心灵，继续前行。恐惧想要诱惑她在生活中变得吝啬并过度保护自己，她既不理睬恐惧，也不理睬它的企图。

伊丽莎白高兴地回忆说，她的活力直接源于她慷慨的人生。在内心深处她知道，匮乏心态乃是幻觉。只要有神圣的能量——她在周围看到和体验到了这种能量——就会有大量的治愈、爱和金融资源，当你放手的时候，你会得到更多。在慷慨的道路上，给予越多，就越富足。加利利海从它的源头汲取到了越来越多的水流。

"所有的给予最终更多的是在帮助捐赠者，而不是接受捐赠的机构。"伊丽莎白充满信心地解释说，"上帝和宇宙希望你健康而富有。他们需要你乐意接受健康和财富，乐意根据自己对他人的帮助来衡量你的健康和富有程度。感恩是其中的重要内容。你根本不可能一边想着自己的生活和世界是多么糟糕，同时期望自己完全充满活力。重要的是关注那些无比美好的事情，充满感恩之情，并慷慨大方。"伊丽莎白知道，她的活力与她的给予直接相关。不是慈善的想法促使她这样做，而是灵魂中的爱，她乐意与他人分享这种爱。同样，那对照顾新生宝宝的、精疲力竭的夫

妻在重重压力下很难具有耐心,但是,当他们慷慨对待对方时,他们将会充分地给予。

慷慨行为的接受者可能会感到喜悦,但是,那些面对重重阻碍仍然展现出慷慨精神的人,会感受到内在的改变。

如何践行慷慨

恐惧可能导致我们在生活中仅仅关注自己,让我们渴望得到祝福,而不是将祝福给予他人。我们发现自己不能随缘放下,凡事做最坏打算,缺乏安全感,做事缺乏思考,或者没有采取足够的行动。毫不奇怪,在日常生活的恐惧中,在令人恐惧的文化枷锁下,许多人都在艰难地努力,试图敞开心灵,变得慷慨大方。

但是,正如睿智的史蒂芬·米切尔那个冬日在芝加哥提醒我的,只要相信宇宙最终是仁慈的,我们就能摆脱对匮乏挥之不去的恐惧。我们可以怀着感恩之心生活,对待他人。自觉践行慷慨的习惯,将有助于我们在生活中充满丰盈之爱。

- ✧ 列出你今天需要感恩的五件事情。你以前可能制作过这样的感恩清单,但这次罗列时,请注意自身及能量场的变化。你是否能感觉到自己的恐惧实际上转变成了爱。请注意,清单上列举的每件事都是其他人给予你的礼物。将自己想象成加利利海,有必要开心地与他人分享你收到的馈赠。

- ✧ 列出让你感到害怕的人际关系。有同事始终在办公室里贬低你吗？父母不赞同你的生活选择吗？你伤害了某个朋友或让他/她感到失望吗，或者恰恰相反？试着拜访这些人，可以首先在心中想象这种会面，直到你具备勇气为止，然后在任何可能和/或方便的时候和他/她见面。在拜访之前，需要花些时间来心平气和地思考。正确的态度就是：你只想祝福这个人，只想向他/她传递宇宙的仁慈。注意观察自己的恐惧是怎样消退的。

✧ 下次会面的时候——无论是正式会面还是和朋友共同进餐——结束时，让每个人都表达他们的感激和遗憾。在诸圣堂，我们会训练每个委员会主席以这种方式来结束会议。这是感激他人慷慨善举的机会，也是承认自己没有这样做的机会。如果有足够的空间——这起初似乎相当令人尴尬——几乎每次都会有人注意到，在某个时刻，他人的话语或关切中包含着善意。这反过来又会引得会议中其他人谈起另外一个让他/她受到触动的时刻。在很短的时间内，房间中的能量会发生根本性的变化。也许你会发现，当你离开会面地点时，你对未来要承担的责任已经怀有不同的看法。每个人都会越来越意识到世界和生命中某种神圣的东西。你可能永远不会称它为"至爱者"，但那次见面以后，你就具有了不同的振动频率。

✧ 想想你目前每年可以捐赠多少钱。算算它占家庭年收入的百分比。尽力增加自己的捐赠比例，开始时，你可以捐赠自己花销的10％。留心这种捐赠对你的恐惧指数的影响。我的经

29

验是,当我的捐赠比例越来越接近并超过总收入的10%时,我对金钱的恐惧就越少,就越不会将它攥得紧紧的和在预算剩余的收入时变得很谨慎。世界各地捐款比例达到或超过10%的人士都知道,因为给予了10%的收入,剩余90%的收入就能派上更大的用场。

✧ 也许你深陷债务之中,或者预算只能勉强满足需求,此时你会觉得捐钱会带来太多焦虑,让你无法泰然处之。但是,我们都有能力给予,哪怕只是微乎其微。在金钱方面每个小小的慷慨之举,都会让你对匮乏的恐惧越来越小。即使经济拮据,我们也会买拿铁咖啡、抢特价T恤,或者租用可能实际上并不需要的车辆。我们可以逐步取消这些小小的购买活动,并把这些钱攒起来,花在触动你的某种事情上。这样,尽管有时候现代社会对金钱和物质财富存在着根深蒂固的、极其严重的焦虑,你却迈出了微小但重要的步子,来消除这种焦虑。

✧ 小小的善意可以对他人的感受产生重大影响。不要将你的善意仅仅限定在每年的特殊时刻,比如假日或生日,而应该随时向家人、朋友甚至陌生人伸出双手,让他们知道你惦记着他们,正在将爱给予他们。可能只是简短的信息或语音邮件,也可能是明信片或见面。也许是微笑这种特殊的礼物。当我微笑着和陌生人谈话时,我会惊讶于自身生活的变化之大。首先,他们几乎始终面带微笑,看上去成了他们理想中的自己——被别人所爱的人。其次,当我意识到陌生人也能够彼此慷慨大方，在彼此的微笑中感受到亲切感时，我的生活也发生了变化。我相信，这种简单的行为也缓解了世界上的总体紧张局势。

✧ 我认识的所有极其慷慨的、充满活力的、富足的人们都深怀感恩之情。感恩是富足的秘诀。想想过去或现在让你心怀感激的人们。或许是你的小学老师，他/她曾经帮助你克服了在全班同学面前说话的恐惧；可能是你的孩子，他/她让你每天开怀大笑；也可能是始终支持你的配偶，甚至是养育和引导你的父母——当你在十几岁面临最大困境的时候。你可以通过这种方式来引导自己思考，如何创造性地回报自己的社区。你可以在当地的公立学校听课，谈谈你的职业选择；你可以向托儿所捐赠物资；你可以在受虐妇女收容所中为她们做饭，或拜访某个退休在家的老人。这会让善良之河继续畅通无阻地流动，促进整个宇宙的完满。德国神学家麦斯特·埃克哈特[①]说："如果你在整个人生中所做的全部祈祷就是'谢谢'，这就足够了。"

---

① 麦斯特·埃克哈特（Meister Eckhart，1260~1327），德国神学家、哲学家、神秘主义者。

第二章　静默的习惯

Chapter Two The Habit of Stillness

恐惧常常以忙乱和疲劳为食。

日常生活的压力——"紧要事情的暴政"——基本上是以自我为中心的,因为涉及许多我们必须承担和履行的责任。当我们进入静默中时,我们就超越了自我,能够更轻松地承受这些日常生活的压力……我们不再因为操心的事情太多而感到焦虑,取而代之的是无言的信心:由于现在我们和心灵深处的爱之源泉联系起来了,我们会拥有足够的本领来解决出现的任何问题。

我知道你会是什么样子,
当你还没有品尝到爱的琼浆:

你的表情僵硬,
你可爱的肌肉抽搐。
你眼中奇怪的神情让孩子们伤心。

松鼠和鸟儿觉察到你的悲伤,
然后在高树上召开重要会议。
决定用什么秘咒来救治你的大脑和灵魂……

我知道你会是什么样子,
当你还没有品尝到爱的琼浆。

——哈菲兹[①]

[①] 哈菲兹(Hafiz, 1320~1389),波斯诗人,作品有抒情诗、颂诗、短诗、鲁拜诗(四行诗),最能代表其文学成就的是近500首嘎扎勒。

我七岁那年,弟弟出生了。这给我们家带来了巨大的喜悦和变化,家人因此无暇照顾我。一天临近中午时,太阳开始炙烤着柏油马路,昆虫在潮湿的空气中吵个不停,我走进了位于佐治亚州我家附近的松林中,这种松林在美国南方的许多大型庭院中都能见到。我赤着双脚,脚下踩着又厚又软的松针。芬芳的气息笼罩着我,四面八方的景象簇拥着我:脚下柔软的松针和黑土地,轻抚着皮肤的温暖空气,还有某种无形的新东西。我突然感到,被我如今称为"至爱者"的事物正在拥抱着我,但当时我不知道那是什么。

当时,我一直在庭院中玩耍着,活蹦乱跳,累得有点喘不过气来。当这种无形而奇妙的感觉征服我的时候,我停了下来,开始接纳这种体验。站在寂静的松林中,我的心跳变得缓慢、平静。我感受到的那种拥抱就如同某种细微的声音,某种突如其来的觉悟,某种意想不到的自我启示。在那个瞬间之前,我还是一个在松林里活泼玩耍的头发蓬乱的小男孩,在接下来的瞬间,我变成了万物中最特别、最受珍爱的生命。与此同时,我意识到——就像我凝望着家庭《圣经》"启示录"中的图片时开始怀疑的那样——世上每个生物都是最特别、最受珍爱的生命。我感到自己有力而颖悟,充满了活力和想象力。万事似乎都没有那么复杂,地球上的所有人都被给予了同样独特的礼物。

生活中既有平凡的时刻,也有不寻常的时刻,需要我们去想象、梦想、规划和筹谋,养育自己和他人。如果在应对日常生活时心存焦虑,我们就很难做到这些。当我们充满恐惧时,敞开心灵几乎是不可能的事。我们会停滞不前,无法发展或寻找富有想象力的解决办法。然而,这种根深蒂固的恐惧有时并不容易被觉察到，因为它会戴上许多面具。例如，紧张兮兮的父母会因为恐惧而行动，每次他们看到孩子经历失败、健康问题或无关紧要的挫折时，都会将之视为生死攸关的危机，而不是发展的机会，但他们可能从来没有觉察到这是源于自己的恐惧。同样，那些没有处理好人际关系并深受其苦的人也未必会承认，是恐惧在妨碍他们面对问题，或大胆地做出改变。在职场中，那些将意外变故或问题视为当代世界末日的人也没有意识到，武断地将每件事视为灾难的思维模式，妨碍了他们解决实际上能够解决的问题。他们解决问题的创造性能力受到了遏制。每个人都非常容易滑入恐惧的惯性之中。

有时慢性的恐惧会对我们产生微妙但极具破坏性的力量，此时，静默对克服这种力量起着至关重要的作用。托马斯·基廷是一名特拉普派①修士，也是一位多产作家，他曾经说："我们的大脑、心灵和灵魂就像一盆浑水。搅拌时，水会变浑浊，遮蔽我们的视野。但是，当水被静置时，淤泥会沉到底部，让水质变得清澈。然后，我们可以更清楚地洞察自己的生活和我们与其他人的互动。"在松林中的这个寂静时刻，我仿佛感到与至爱者——我们人生中最强大工具（爱）的源泉——联系了起来。

温暖我们的心

静默既是身体的体验，也是心理和灵性的状态。当我们的肌

---

① 特拉普派（Trappist），罗马天主教修会，1664年建立，以缄口等苦修而闻名于世。

肉在静默中放松下来时,我们身体的内在状态也会发生变化,从紧张、激动变得清醒、清凉。我们紊乱而不匀称的呼吸节奏也会变得平静而从容。

伴随着这些身体变化,会悄然发生巨大的转变。就仿佛我们的心灵逐渐下沉,沉到了人生充满动荡、混乱和骚动的水面之下。当我们潜入清凉的静默之海时,所有不同的自我特征都会在我们内心深处汇聚起来,事实上,它们会重新与我们的灵魂融合起来,而我们的灵魂永远不会受到扰动,因为它是爱的居所。这就是那个充满爱的自我,是我们内心中的至爱者。

古代的灵性大师都曾谈到,在静默时,他们的心灵会充满奇妙的温暖感,身体也会放松下来,同时感到自己精力充沛。当人们完全拥有爱时,他们就能深深地感受到和平与喜悦,也能感受到力量。需要注意的是,当我们接触到我们的内核时,如果我们自身或他人出现了愤怒、恐惧或悲伤,我们仍然能觉察到。只是说,愤怒、恐惧或悲伤出现以后,会被平安、喜乐和力量的熔炉所融化。

这是一个非同寻常的现实:在任何情况下,当我们接触到内心平安、喜乐和力量的熔炉时,我们就不再受到恐惧的羁绊。为了熟知我们自身和他人心中这个爱的圣所,进入静默是个很重要的步骤。

冥修者兼僧侣托马斯·默顿的著作深深地影响了我,他的话语极富启发性。他谈到了静默的重要性:"它没有受到罪和幻觉的影响,是纯粹真理的所在,是纯粹神性的所在或光亮……心灵的幻想或意志的暴行都无法接触到它……这就像闪耀着无形的天堂之光的纯净钻石。它存在于每个人的心中。"通过践行静默的习惯，我们可以让自己浑浊的生命之水变得澄澈透明，随时可以触摸到这颗光芒闪闪的钻石——这种始终引导我们、没有任何东西能够将之摧毁的内在力量。

静默的迫切需要

我们都在抽象的层面上知道，当西方文化陷入忙乱的"正常生活"时——不幸的是，东方文化也越来越是如此——我们就很难做出改变人生的决定。一些特殊的情况需要我们做出富有创造性的、敏感的举动，但我们无法做出这样的回应。在恐惧的驱使下，我们的头脑缺乏创造力。21世纪才华横溢的小说家乔纳森·弗兰岑（Jonathan Franzen）指出，静默意味着"你能够真正做出负责任的决定，能够有效地应对可怕的、失控的世界"。那种静默时光就像冥想时被敲响的钟声，纯粹、优美而又无比珍贵。

虽然人们不断告诫我们要"放慢步伐"、"别紧张"，但将静默的习惯付诸行动却是我们面临的最大挑战。绝大多数人都觉得，我们的生活已经充斥着太多的活动、责任乃至于财物。人们教导我们要锻炼身体，去清真寺、寺庙或教堂，修习冥想。此外也教导我们放下智能手机，不要周末工作，花些时间来深入思考、驱除杂念等。

许多人认为，练习冥想是僧侣们或反文化主义者不切实际的活动，旨在与世隔绝。他们根本不相信可以利用二十或三十分钟进入静默之中的"自我关注"。他们过于活跃而勤奋。太多的人指望着他们，迫切地需要他们。

多年以来,我已逐渐将每天的静默时光视为家常便饭,就像早晨淋浴和刷牙那样。每天早上我花一个小时来静默,对我来说,这是最深切的祈祷。只有像这样洁净过灵性、思想和情绪以后,我才会开始每天的生活。然而,有时候我无法成功地践行这种静默的习惯。

例如,在一个难忘的星期五,我没有安排足够的时间静默,随后我发现,自己在应对当天的生活时,没有丝毫的创造力或慷慨精神。匆匆吃完早餐后,我就来到办公室打开了电脑。在我的收件箱中,有封标记为"紧急"的电子邮件,这是我的一个教友发过来的。他听说有个右翼电台脱口秀主持人的老板是我们的理事会成员,因此在邮件中问道:"教会身负着促进和平与正义的责任,怎么能够如此重用这种破坏国家良好发展的人呢?"

读完这封信,我觉得自己受到了攻击。我将他的质疑和隐含的批评视为是针对我个人的,所以,我用辩解的态度回复了他,丝毫没有慷慨的精神。我给他回了一封电子邮件,很快我就后悔了。事实上,过了一段时间,当我遇见那个教友时——当天我在静默以后才开始应付日常生活,因而能够很好地觉察和感知到自己与他人身上的至爱者——我完全意识到,他的本意绝不是质疑我个人或我的职业。他不过是想提出这个问题供大家讨论而已。我怀着错误的思维定式,在恐惧而封闭的心态下解读着他的邮件,并产生了不平和不满的想法,从而草率地做出结论,认为他在论断人,于是自己也以论断的心态做出回应,误会就这样产生了。由于没有践行静默,我本能地做出了防御性的、教条化的反应。

只有在面对眼前的危机时——这种危机通常是由焦虑不安的

第二章　静默的习惯

文化、个人或我们自身焦虑的念头所带来的——我们才会做出教条化的抉择。当我们因为劳累或忙乱而无法停下来修习某种静默——祈祷、冥想、反思、休息、健康的消遣——时，我们其实是在伤害自己。恐惧常常以忙乱和疲劳为食。

相反，当我们不断践行静默的习惯时，这种习惯就会改变我们，因为它每天将我们与我们内在的圣所联系起来，以免我们在生活和人际关系中做出防御性的反应。在静默中，我们敞开了生命，充满爱意地活在当下。

举个例子。一天，当我沉浸于静默的喜乐中时，有人打电话给我，告诉我一个名人去世了，有个教会成员是死者的私人朋友。死者家属想知道，诸圣堂是否乐意在短短的三天以后主持他的葬礼。这么复杂的事情涉及安全和新闻媒体，此外还有许多工作要做。

因此，我无暇按照计划来写稿、思考并准备布道词。那天下午，我在办公室里和死者的家属紧张地讨论了四个小时。在那次漫长的会谈中，让我大为惊喜的是，我感到自己耐心、亲切、热情、循循善诱、乐于助人，并不匆忙、紧张或愤恨——这些都是恐惧的特征。在这段温馨而充实的时光中，死者的家人和我都颇有收获。在职业性礼貌的外表之下，我的内心不曾潜藏着任何不快，相反，我安心地接受这天的意外变故。我的经验是，当我在每天的生活中注入静默时，隐藏在背后的礼物就会不断地给我带来惊喜。

和上帝同心

2011年,我听说佛罗里达州的一个牧师扬言要焚毁《古兰经》,便请人到诸圣堂给我们讲解《古兰经》。在美国,可怕的宗教偏执情绪日益高涨——基于对未知事物的恐惧——这诱使我们彻底地憎恨某个民族和否认某种宗教。不知为什么,人们以为这种仇恨会让我们感到"更安全"。最糟糕的是,这是基于恐惧的、心灵狭隘的思维方式。我们请年轻的莱拉女士到教会做报告。她站在拥挤的房间里面,穿着朴素,言行举止都合乎伊斯兰教的规范,同时,她显得既自信又紧张。她专注地聆听着我们的问题,时不时将散开的头发捋向耳后。

"读《古兰经》对你来说意味着什么?"我最后问道。

"嗯,"她停下来思考了片刻后说,"意味着和上帝同心。"

对我来说,这就是我们在践行静默的习惯时所寻求的实质,但是,我们都会按照自己独特的方式来这样做。一个研究所的顾问曾经告诉我:"你可以接触到最美好的思想,但是,如果你不亲自体验它,它对你或任何其他人都没有什么用处。"在进入静默时,我们都在按照自己特有的方式来努力和上帝同心。就我个人而言,我是通过默祷——也可以称为"冥想"——来获得静默的。

只要我在家,每天早晨,我都会将我经常坐的那把特殊椅子放在客厅一个冬暖夏凉的角落里。早至凌晨四五点钟,我就会裹着披肩起床。披肩是我教区的一个团体为我制作的,她们每周聚集起来,编织这样的"祈祷披肩"。有时,即便经过五分钟、十分钟、十五分钟,还是什么都没有发生。此时混乱的梦境没有完全消逝，我的念头中掺杂着担忧、怀疑、撒旦的形象、各种各样的牵挂，以及妻子和我（或同事和我）之间的言语纠葛。

我将这个阶段视为祈祷前的预备时间：淤泥仍然在水盆中搅动，还没有沉淀下来。说实话，有时候我不能顺利通过这个阶段。大约二十分钟以后，我仍然感到妄念纷飞，无法静默，于是便会停下来。然而，大多数时候，逐渐变化的意识告诉我，再继续安静地待上片刻，然后再待上片刻……我进入静默之中的最初迹象就是：肩膀和上臂放松下来，拳头也有逐渐松开的感觉。我知道变化即将发生。泥沙正逐渐下沉到盆底。对应地，我的呼吸开始变得更深更慢。

在静默的第二个阶段，盆中的水似乎呈现出美丽的蓝色。这种感受保持的时间越长，水就会越来越变成我们存在的真正本质。它让我们进入其中，变成了我们的空气。这并非随处可见的空气，而是那种薄荷般清凉的氧气，我们感到仿佛一下子从一个闷热的下午来到了阿尔卑斯山凉爽的清晨。这段时光能够让我们大大地恢复健康。我的恐惧被蒸发掉了。我被爱着，被关心着。每个人也都被爱着，被关心着。我重新找到了安住在我真实存在核心之中的至爱者，当我到达那里时，我就回家了。

进入静默的下个阶段后，至爱者的真正面目——为其他人祈祷的愿望——就会显现。任何时候，当我心中浮现出那些被列在我祈祷名单上的人时，意外地想到我好久都不曾想起过的人时，以及那些让我感到愤怒或不满的人时，我便知道：静默已经进入了最后的阶段。这个汇聚起来的特殊人群通常让我感到吃惊。超过我控制之外的能量将某个群体聚集到了这个神圣的地方。

在这里，根本没有恐惧的容身之处。大约三十分钟以后，我

就走出了恐惧、关注和不安的漩涡，让身体放松下来，静默也向我低声耳语，带领我进入最深的自我。爱尔兰诗人兼学者约翰·奥当诺休①说，这是个"你永远不会受到伤害的地方，始终让心灵感到踏实、完好无损的地方，让你充满信心和安宁的地方……祈祷、灵性和爱的意愿会不时地造访这个内在的圣所"。

让你的"图图"发挥力量

静默是很独特的体验，它能够而且必须因人而异，以便适应每个独特的个体。我的朋友杰茜卡是华盛顿特区卓有成就的女企业家，主管美国某个大型联邦机构的公关部门。她的日常工作会面临来自四面八方的意外挑战。但是，杰茜卡从未表现得紧张兮兮或充满自我保护意识，相反，她在和每个人打交道时都活力四射，经常流露出善意的微笑和友好的眼神。

在南加州——我现在就住在那里——的一个傍晚，我参加了一个我们俩的共同朋友举办的街头派对。微风凉爽宜人，我们都穿着毛衣。落日在凉爽的天空中变成了壮丽而柔和的橙黄色。四位音乐家在街角演奏着爵士乐，四周洋溢着美好而欢乐的喜庆氛围。那天晚上，杰茜卡向我做了自我介绍。她给我讲述了她在帕萨迪纳度过的最后时光，当时，她前往诸圣堂，听大主教德斯蒙德·图图的讲道。

---

① 约翰·奥当诺休（John O'Donohue，1954~2008），爱尔兰哲学家、诗人、神秘主义者，著有《美：不可见的拥抱》。

第二章 静默的习惯

"他改变了我的生活。"她对我说,蓝色的眼睛中闪烁着光芒。

我知道她说的这次布道,它是图图大主教在我们教会所做的最有力的布道。我非常开心。"他用什么方式改变了你的生活呢?"我凑上前去问道。风声和音乐声在我的耳畔轻快地歌唱着。

"那次访问让我养成了现在的习惯:在工作中,无论何时出现了混乱,我都会回到办公室,关上门待在里面,直到'让我的图图发挥力量'为止。"她解释说,"团队中的每个人都知道,我并不是穿着舞服在房间里跳芭蕾舞,我的意思是,我需要让自己镇静下来。他们经常说:'哦,杰茜卡,她正在让她的图图发挥力量。'它成了办公室中的大笑话。"

"好家伙,"我笑了起来,"让你的图图发挥力量?"

实际上这个故事说的是,找到她自己修习静默的独特习惯。当她感到压力重重,她知道,如果她能重新体验到她在教堂听图图大主教布道时的感受,那个最好的自我将会呈现出来。

"我记得当时感受到喜悦、爱和完全的接纳。"她说,"大主教让我感受到某种非常清晰的东西,虽然不能用肉眼看见它,但我感受到了非常深切的真理,并有信心接受它。"她接着解释说,只有当她感到充分接触到那种真相时——也就是说,能够与其他人分享这种感受时——她才觉得自己的图图在发挥力量了。她没有在混乱或挫折中忙个不停,图图的力量让她知道自己是个领导者,并恢复领导者应有的心态。她能够在静默中重新让自己的心灵安静下来。

杰茜卡是个繁忙而尽职的人,善于解决问题。她知道,当她的思维定式无法找到最有创造力的解决问题的办法时,如果按照

这种思维定式完成任务，将会浪费宝贵的时间。她知道，静默对她具有非常宝贵的价值。阿尔伯特·爱因斯坦说，我们不能按照与产生问题时相同的意识来解决问题，这番话也表明了这点。我相信，面对我们的文化和恐惧机制所产生的棘手的老问题，我们可以找到新的解决办法。然而，人类的大脑被注入了过多的恐惧，如果不经常进入静默中，我们根本无法发挥想象力、同情心或幻想所具有的潜能，而这是获得这些解决方案所必不可少的。

找到节奏

许多仪式中都会涉及安静的活动——无论是单独完成还是多人完成——它们都可以成为修习静默的渠道。对全世界无数的宗教徒来说，祈祷和冥想为他们提供了持久而安静的修行方法。但是，对另外许多人来说，有组织的宗教所提供的自省和定心的机会毫无吸引力。幸运的是，这不会妨碍他们获得静默。你也许会在日常的上下班中，在锻炼活动或听音乐的时候体验到静默。也许会在户外或室内发现它，在带着心爱的宠物或自己独处时发现它。我们每个人都可以尝试，找到修习静默习惯的独特办法。这种基本习惯能够让你敞开心灵和大脑，感受到爱与被爱的自我，并实践本书中介绍的其他习惯。

在我三十岁出头的时候，我患上了严重的抑郁症。大概在那段时间，我离开了年轻时常去的教会——我的先祖们信奉的浸礼会教堂，开始每周参加一个心理医生开办的课程。他是个出色而敏锐的人，当时，我还没有将静默的习惯融入日常生活，在那段

第二章 静默的习惯

令人忧心、备受煎熬的时期，他给了我很大的帮助。他帮助我明白，克服抑郁症的关键就是：接近并留心我内心深处的至爱者的宁静声音。一天，他谈到了他的妻子（她也是个心理医生），如果每天不花几分钟时间来举行某个简单的仪式，她就不敢面对当天的生活。她会坐在两扇小玻璃窗附近的特定摇椅中，面对着自家的后院。有时她会凝视飘落到地上的亮橘色橡树叶；有时会凝望灰蒙蒙的天空；有时她会聆听鸟儿在光秃秃树枝上的吵闹声。尽管远离了有组织的宗教，她在那种日常的宁静中发现了神意，暂时脱离了每天耗人心神的繁忙活动。

我和她完全不同。尽管我在公共场合非常合群，但性格测试始终表明，我是个内向的人，这意味着，在受到某种程度的刺激以后，我的能级会直线下降。为了保持平衡，我需要大量的独处时间。相反，我的朋友苏珊是个非常外向的人。尽管她极为虔诚，但进行静修时，她几乎不可能停止发短信或电子邮件。当她在熙熙攘攘的咖啡馆中写博客时，她获得了静默。尽管周围都是喧闹声，她却感到安宁而自在。

我认识一个叫詹姆斯的老人，是我的朋友们所居住的公寓大楼附近的一名园艺工作者。他八十岁出头，头发稀疏，粗壮有力的双手上青筋暴突。他平时沉默寡言，任劳任怨。有几次，我与他并排坐在饱经风雨并被大大修剪过的槭树下。詹姆斯做了将近五十年的电影和电视制片人，但他最珍贵的回忆并不是他曾经工作过的拍摄现场，或与他共事的著名演员，而是要追溯到20世纪30年代后期，当时他才十几岁，负责修整一个私人网球俱乐部的草坪。每天清晨，他把草地上的重型水泥管来回滚动数个小时，以便将土地夯实，然后再用软管浇几个小时的水，并光着脚

丫检查草地的湿度。

"人们总是问我,当所有人都出去玩时,我不觉得无聊吗?"他说,"但我喜欢这份工作。它给了我思考的时间,而这其实是我人生中最关心的事情。"

詹姆斯解释说,后来他结婚并有了孩子——家庭是他快乐的另一重要源泉——但他很快意识到,他无法再抽出时间继续担任场地管理员了。后来,当他致力于艺术创作的时候,他总是会重新回到户外独处,以此找到平衡点。他每周会花大量时间来帮助他所住公寓的看门人,维护栽满了加州土生树木和灌木的美丽庭院,以及临街的繁茂花园。尽管他的日程安排不允许他每天都来帮忙,但他每周都会匀出一些时间,帮忙割草、剪枝或浇水。当五个孩子长大成人后,他把这些技能教给了他们,始终和他们默默地共同劳动。

还有一个熟人——她租了一个带有四爪古典浴缸的维多利亚式小房子——让闹钟每天早上提前一小时叫醒她,再动身去家庭货运公司上班。让她的丈夫、朋友和同事都非常惊讶的是,她不用这一个小时来睡觉,而是更喜欢在早晨慢悠悠地完成例行活动。

"我会在浴缸中放满水,然后给自己泡一杯茶。"安妮特说,"给浴缸注满水需要花点时间,这时我会读报纸,决定穿什么衣服。在此期间,迈克尔(她的丈夫)都在蒙头大睡。最后,我会在浴缸中泡上二十分钟,有时甚至更长。我会读报纸,或者就躺在那里,什么事也不做。"

如果哪天她没有时间来修习静默,她一整天都会感到忙碌不堪,仿佛有无数的事情要做。"可能我做的事情同样多,但我的感受就是不一样。"她解释说。

成为学习者

最后，修习静默需要敞开我们的头脑，让它发生变化。这并不是改变至爱者的意愿。祈祷或静默就是消除任何妨碍我们觉察到至爱者意愿的态度、行为和心理疾病。这并不是要我们创造公正、和平、健康、和谐与包容，而是拆除我们心中恐惧的藩篱，这样，对人类大家庭中的所有成员来说，通过我们这些器皿，公正、和平、和谐与包容就能变成现实。静默赋予了我们无畏的幻想和行动。

我的朋友兼同事西奥多拉向我介绍了作家兼教育家贝蒂·苏·弗劳尔斯（Betty Sue Flowers）摸索出来的改变生命的做法。在一个西奥多拉参加的会议上，主持人要求每个人用三种不同的方式来简单介绍一下各自的生平：首先是以受害者的身份，其次以英雄的身份，最后以学习者的身份。这是三个非常不同的故事，具有三种迥然不同的能量和结果。受害者会觉得有必要捍卫、辩护或复仇。英雄会感到理直气壮，进行自我宣传或希望得到认可。

而学习者呢？学习者会寻求启示和指点，并纠正自我的错误。

学习者会敞开自己，在每种情况下探索新的事物，尤其是具有挑战性的东西。用图图大主教令人印象深刻的话来说，受害者和英雄的思维模式仅仅想要将"安全的雷同性"（safe sameness）——可以预见和熟悉的东西——永久化。这是封闭式

的思维定式。当我进入静默中时,最初我常常感到自己更像个受害者或英雄。当我更深地放松下来时,我立刻知道,某些转变性的、消除恐惧的东西正在出现,让我放松戒备,敞开自己,成为学习者。

一个诸圣堂的成员曾经写信问我:"如果你祈求上帝引领你摆脱某种艰难的处境,并由此想到了一个你绝对意想不到的奇妙对策,那么,这是个恩典呢?还是祷告的结果呢?"她想知道这种现象是怎么回事,因为在领受圣餐以后,这种事情再三发生在她身上。

我的回答是,它同时是两者:恩典和真诚的祈祷。它们是不二的,是相同的。在静默中,在祈祷中,我们领受到恩典。

这个教友解释说,当她领受圣餐回到座位时,她的脑海中浮现出这样的景象:她头顶的天灵盖被打开了,睿智而重要的想法和对策通过天灵盖进入了她的心中。"我想,这就是你所说的敞开。"她写道,"当然,在此期间我感受到了上帝的推动和他赐予的对策。"

有时候,经过长久的静默以后,我们才能找到对策;而有时候,这些对策却犹如不速之客。但是,由于学习者具有开明坦率的态度,获得这两种体验会变得更容易些。当人们让自己屈服于恐惧时,他/她根本无法学习。消极的、条件反射式的人生定位,不会给学习留下容身之处。它让我们相信,自己已经懂得了所有事情。一旦有了这样的想法,我们就无法了解至爱者在我们的生命和世界中呈现出来的东西。在我十几岁时,我父亲经常告诉我:"儿子,你必须认识到,你并非无所不知,无所不晓。"

这就是静默习惯的全部含义。它是"学习者的祈祷"。正是那种理智的、智慧的、勇敢的、清醒的、诗意的或崭新视角的体验，在进入我们开放的心灵和大脑以后启发和改变了我们。

打开心门

您可能已经尝试过多次，但仍然没有驱走你的"心猿"——这是某些佛教徒对念头翻飞的大脑的叫法。有很多天，当我坐在椅子上试图修习静默的时候，我感到各种担忧向我袭来。我的信念是：试图驱走那些杂乱不休的想法只会适得其反。我会用日记本记下我祈祷时涌现出来的顾虑或想法。我听说有些记录"晨间日记"（morning pages，作家朱莉娅·卡梅隆创造出来的词汇）的作家，每天做的第一件事就是记录下他们的意识流，以便让富于创造性的心灵摆脱杂念和潜意识焦虑的羁绊。

某些文字、思想或意象也许能够成为打开你通向静默之门的钥匙。通常各种传统的资深冥修者会再三重复某些咒语，以便集中注意力。许多世界性宗教的践行者会使用念珠，捻动每颗珠子时，就会有条不紊地诵念一句不同的祷文，以帮助他们平息心中的杂念，获得宁静感。我的穆斯林朋友阿迪拉会随意打开《古兰经》的不同章节大声诵念，看看当天她会获得什么样的教导。我的同事凯瑟琳则会通过朗诵诗歌来获得宁静感。

还有个朋友（他是个对哲学具有浓厚兴趣的无神论者）在二十岁出头时，无意中在本杰明·霍夫撰写的《小熊维尼之道》中发现了对道家学说的诠释。虽然这本书乍看上去似乎是本儿童读物，埃里克却在其字里行间发现了智慧。如今，只要这个四十

岁的商人兼世界旅游者在旅行途中，旅行包中都会装上这本破旧的淡蓝色硬皮书。在家中，他几乎每天都读这本书。即便完全相同的段落已经被他反复研读了二十多年，无论身处何地或遇到任何挑战，他都会用这种方式来修习静默，这不仅给予了他心灵的宁静，同时让他变得坚韧而开明。

日常生活的压力——"紧要事情的暴政"——基本上是以自我为中心的，因为涉及许多我们必须承担和履行的责任。当我们进入静默中时，我们就超越了自我，能够更轻松地承受这些日常生活的压力。在这个过程中，我们向感恩的神奇力量敞开了自己的心扉。我们不再因为操心的事情太多而感到焦虑，取而代之的是无言的信心：由于现在我们和心灵深处的爱之源泉联系起来了，我们会拥有足够的本领来解决出现的任何问题。

在静默时，我们不再是宇宙的中心，相反，我们心中的至爱者会与所有人心中的至爱者联系起来，我们意识到，其实所有人都是一体的。此时，我们会无比地感恩并充满活力。

正如白隐禅师[①]所说，"行动中的冥修要胜过静坐中的冥想无数倍。"带着静默投入生活是很实用的做法，我们可以借此成为爱与平安的器皿，治疗自己的伤口，并借助于它治疗心灵和赐予力量的特点，带领他人进入爱之羊栏[②]。

---

① 白隐慧鹤（Hakuin Ekaku，1685~1768或1686~1769），日本僧人、艺术家和作家，佛教临济宗的中兴祖师，著有《槐安国语》、《夜般闲话》等书。人们通常尊称其为"白隐禅师"。

② 耶稣在《新约》中多次将自己比喻为好牧人，将他的信徒比喻为羊，故此处有"羊栏"之说。

如何修习静默

我喜爱看那些有"转折性雨中场景"的电影。在这些电影中，主角对于他理想中的人生旅程或恋情怀着坚定的看法，但是，人类无法掌控的事情发生了。恋情结束了，有人死去，悲剧降临了。现在，旧的计划被搁置于废墟之上。在这些"转折性雨中场景"中，主人公或许会在雨中散步，或者一边饮着烈酒、浓茶或咖啡，一边凝视着窗外落下的雨水。这时，主人公会做出决定，他/她需要在其人生规划中选择撤下哪些东西，接受哪些东西。这些人会让自己的人生轨迹变得更游刃有余、更宽广、更具包容性，他们的生命会给他人与世界带来爱、欢乐和智慧。

我们可以怀着无畏的、毫无保留的学习精神来面对未知的世界，也可以拒绝进入静默之中或者在雨中反思。我们的抗拒会让自己陷入毫无想象力的、因循守旧的藩篱之中并深受恐惧的羁绊，会产生自我怀疑和内心的骚动，并固执而无益地轻举妄动。最终，静默就是倾听至爱者引导我们做的事情。如果我们不信仰静默的力量，我们甚至根本就听不见这些事情，更不要说具备完成它们的勇气了。

✦ 通过反复尝试，找到自己体验静默的方式。方式没有正确或错误之分。有一个朋友住在海边，他会深情地凝望着大海，直到大海完成了他所说的"神奇橡皮擦"的工作——涤除他心灵的尘垢——为止。我的表弟赫舍尔是个热爱交际的商人，会讲诙谐的故事，让你笑到肚子疼为止。他似乎不是那种特别焦虑、让人感到窒息的人。当他感到压力很大时，他

会来到住所附近的河流中央的沙洲上,坐在那里,直到恢复理智并改变看法为止。在体验静默时,你可能需要重复做某些动作或说某些话,而其他人可能需要静坐无语。有些人会闭上双眼,有些人会凝望太空,还有些人会凝望圣像、花朵或画作,或者凝视蜡烛或火堆摇曳不定的亮光。此外,还有很多人通过绘画、创作音乐或园艺来进入静默。而我们在前文也谈到过,很多人会通过朗读诗歌、学习某些充满智慧的经文或祈祷来进入静默。而最重要的就是坚持不懈,直到淤泥充分沉淀到盆底为止。

✧ 试着安静而舒适地坐下来,让自己的思绪尽情徜徉。回想你人生中不同的时光和往事。回想那些让你的内心感受到最深切的宁静,满怀喜悦地与万物在爱中联系起来的场景。就我而言,我还记得自己是个小男孩时独自在松林中玩耍的情景。在我长大以后的体验中,我也发现了这种进入静默之前的前奏,不过它已改头换面而已。问问自己能否从回忆中获得收获和启迪,弄清楚自己体验静默的独特做法是怎样的。当静默的习惯以积极主动而非消极被动的方式融入你的生活时,它能够带来莫大的益处。当然,就像赫舍尔那样,当生活让你紧张不堪时,知道什么东西能够让你放松下来是有益的。我们的目标是让静默成为你越来越期盼和享受的日常习惯。

✧ 每天至少给自己匀出十分钟时间,来修习你摸索出来的静默方式。然后尽量增加静默的时间,直到这种修习真正变成习

第二章　静默的习惯

惯为止——直到静默本身首先成为你的目的，然后成为将每天其余的生活转变成探险之旅的安全根基。

✧ 试着在每天的不同时刻练习，以确定最佳的练习时间。我的朋友凯特试图每天早上先静默二十分钟然后再做其他事情，结果是徒劳的，她因此变得非常沮丧。那段时间，她经常感到身心疲劳，无法获得安宁。后来她意识到，傍晚时分修习静默更适合她，因为此时她已经从银行下班回家，儿子也在练足球。但我的前同事丹发现自己不可能每天练习，但他每周会抽出两天时间来参加定期的瑜伽课程。他在一个多小时的时间里不断将身体弯曲成各种姿势，逐渐消除了那些烦躁不安、不由自主的念头，最后，他终于完成了著名的休息术姿势（Savasana，也被戏称为"挺尸式"）。他会深深地放松下来，获得内心的安宁，并沉沉睡去。在每天的日常生活中他都能体会到这种安宁。

✧ 如何知道自己何时进入了静默之中呢？用耶稣的话说，根据它结的果实就知道了。如果你觉得自己能够正确看待每件事情，能够笑对过去 24 小时中的数百个小错误，那么，你就进入静默中了。如果你能原谅自己并同情他人，那么，你就进入静默中了。我深切地期望，通过进入自己独特的灵性家园，每个读者能够意识到活跃地、无条件地、永恒地安住在每个人心中的爱的力量。

第三章　求真的习惯

Chapter Three The Habit of Truth

我热衷于阅读演员的剧本。这些剧本是由剧团发行的，会将个人的姓名打印在顶部：这个演员需要出场的场景都用粗体字显示，轮到他／她说的台词也都做了标记。但愿生活也赐予我们这样的剧本！然而，尽管我们可能不会收到这种能够帮助我们做出抉择和摆脱困境的文件，我却真心地相信，求真的习惯能够帮我们认识到，哪些言语、举止和行为涉及"我们的名字"。

> 告诉所有人真相但要娓娓道来……
> 灼热的灯丝过于明亮
> 我们虚弱的灵魂难以承受这种快乐
> 真相的超强震撼
> 就如闪电之于儿童
> 需用温柔的解释来让他们宽心
> 真相必须逐渐散发出光芒
> 否则人们就会因为这种炫目的光线而失明
>
> ——艾米莉·狄金森[①]

一天吃过晚餐后,我回到教堂去为慕道友们布道。八堂课结束以后,如果这些寻求者还想参加活动,我们会为他们举行受洗仪式。如果他们已经受过洗,他们可以将自己的洗礼归于圣公会名下。

[①] 艾米莉·狄金森(Emily Dickinson,1830~1886),美国著名诗人,著有《我一直在爱》、《这是鸟儿们回来的日子》等诗歌。

当我走进房间时，人们扭过头来，眼中充满好奇与关切之情。在我开口讲话之前，带领这个课程的教友问了一个只有我这个诸圣堂教区长才能回答的问题。

"这个课堂上有个犹太教徒，"她解释说，"一年多以来，这个犹太教徒始终在圣公会参加崇拜活动，并决定成为我们教会的成员，现在有个棘手的事情：他不想受洗。"

这种特殊要求违背了基督教的古老惯例。我知道，允许一个未曾受洗的人正式加入我们的教会，会让部分教会内外人士感到焦虑和恐惧。与此同时，诸圣堂是开明与包容的表率，这决定了我们的核心使命。我们相信海纳百川。我们认为，自从"9·11"事件以来，21世纪的宗教需要加强与其他宗教之间的沟通。这意味着，张开双臂接纳所有其他宗教的信徒，既要求差异又欣赏差异，同时意识到没有任何宗教拥有"真理"。

由于这些互相矛盾的想法萦绕在我的脑海中，我停下来，私下要求到房间中静默片刻，进入自己的内心。有时候我发现，如果情况极其紧迫，求真的愿望极其真诚，我们就能立刻得到它。几乎立刻涌上我心头的反应就是：对，我们会这样做，他可以加入我们。我清楚地知道，这个犹太教徒在和我们的接触中所感受到的宗教是包容性的，具有很大的吸引力（毕竟，"宗教"（religion）这个词意味着"重新联结起来"），而这应该胜过排他性的基督教惯例。既然至爱者具有极大的包容性，我们为何不如此呢？

我深深地吸了口气。这个举动有些鲁莽，我没有事先考虑到所有的后果，不过，当你面对真理时通常也不会如此。但是，即便没有这些益处，我们仍然要向前迈进。这就是风险的本质。在未来的某个时刻，我们也许会遇到阻力，但是，如果我们真诚地相信自己在追随真理，那么，我们就能确信，我们能够驾驭随后可能出现的任何问题。这恰恰是信仰的本质。

实践求真习惯的本质，就是我们必须追随真理，而不是让它追随我们。真理并不听从我们的计划，相反，它改变我们的计划，将它冲击得七零八落，并让真理的地盘变得更加广阔。当我们敞开自己，与贯穿于我们生命之中的至爱者发生共鸣时，我们就掌握了真理的力量。

寻找我们内在的道德指南针

我是个戏迷，喜欢看戏，也喜欢与演员们讨论他们扮演某个角色的来龙去脉。我热衷于阅读某个演员的剧本。这些剧本是由剧团发行的，会将个人的姓名打印在顶部：这个演员需要出场的场景都用粗体字显示，轮到他／她说的台词也都做了标记。但愿生活也赐予我们这样的剧本！然而，尽管我们可能不会收到这种能够帮助我们做出抉择和摆脱困境的文件，我却真心地相信，求真的习惯能够帮我们认识到，哪些言语、举止和行为涉及"我们的名字"。我们能够确定哪些抉择真正是我们做出来的，哪些抉择是我们出于恐惧而模仿的其他人的剧本。

审视我们用来引导自己的剧本，是开始实践求真习惯的具体做法。我们对自身、祖国、阶级和种族的一系列假设形成了这个剧本。然而，真理并不是静态的，它体现了我们对自身与世界不断发展的思想和见解。最重要的是，当我们对自己的剧本做出这

些假设时,我们需要问自己,我们是怀着开放的心灵还是恐惧的心灵。根据我二十多岁时的经历,求真的习惯会让我们在两者之间做出区分。

长大以后,人们以为我会成为美南浸信会的牧师。但是我能够想象到的牧师形象,就是我父亲那样的,他的教牧方式包括:用永恒惩罚的威胁让信众心生恐惧,而这是我根本无法接受的。在孩童时代,始终萦绕在我心头的恐惧是:如果我无法通过审判,会怎么样呢?这就是可以引导我人生抉择的真理吗?

父亲对我最后的慷慨之举,以及我在大学时对信仰形成的全新诠释,促使我越来越认识到,真理不能是排他性的。需要注意的是,耶稣在实践这种习惯时也不是这样的。无论人们是否愿意追随他,是否承认他为救主,耶稣都知道,至爱者的道路永远不是强迫性的,也不会以惩罚相威胁。这种灵性的成熟让我们能够分辨出他的真实态度,不会将之等同于记载耶稣的文字、许多灵性不太成熟的诠释者的看法,以及利用惩罚来威胁信众的所谓基督教组织。

当我展望人生的未来时,我并不清楚真理——我自身的剧本——位于何方。在我大学即将毕业的时候,我不知道怎样面对人生。我问遍了我的朋友和老师,征求他们的意见。有几个好心人这样说:"你看起来就像个律师,说话也像律师,举手投足无不如此——你应该去学法律!"

因此我去读范德堡大学的法学院。最初,我喜欢这门学科和它的严谨性。在我的小书房里,法律理论和判例的完美条理让我尽情遨游于比我更广阔的世界之中,忘却了自我。尽管我学的是合同法、侵权法、刑法和其他法律主题,但没关系。我每天研究

10 小时并乐此不疲,让思维接受真正的训练。

接着,美国在越战中开始轰炸柬埔寨。

世界各地都在发生反战游行,范德堡大学也不例外。一天下午,我参加了校园集会。一个范德堡大学的牧师站在骚动不安且人数越聚越多的年轻男女中间,向人们提出了道德上的挑战。他说,越战主要是美国的有色人种在对抗越南的有色人种。作为享有特权、免于参战的大学生,我们愿意容忍这样的现实吗?

这让我产生了强烈的共鸣。马丁·路德·金博士在去世之前,发表过类似的声明。路德·金博士长期在华盛顿发动"穷人进军运动",挑战这个国家的良心,让人们关注由于穷人承受的经济不平等而逐渐滋生的暴力行为。他将贫弱者和美国的战争机器联系起来,这让某些人感到厌恶而不安。1968 年 4 月 4 日他遇刺时,我已经被他深深地触动,因此,当游行蔓延到我所在的大学城时,我也组织了几个教师和学生参加游行。

在研究生院的集会上,这个牧师主张:要以最无害的方式来团结这些人。这就需要弄清楚,如果我们这些学生不再享受到征兵豁免权,而被要求入伍参战的话,我们将怎么办?

当真理唤醒人的良知时,它也要求我们采取行动。我内心的道德指南针试图找到真正的北极。我来到这名牧师的办公室,询问应该如何弄清自己对战争的感受,他在回答我时,将办公桌上装订成许多页的教学大纲扔给我。"你可以看看这个书单。"他说。

鬼使神差般地,我的目光不由自主地落在了一本书上。书名很简单——托马斯·默顿的《信仰和暴力》。我不认识这个作者,但我知道,我应该读这本书。于是我立刻来到校园的书店,在书架上找到了这本书,并将它带回书房阅读起来。

书中的每段话就如倒下来的多米诺骨牌,直到我的抗拒心理完全化为乌有,我在书桌的椅子上放松下来,如饥似渴地读着这本书。真理有时会通过阅读其他人的著作降临到我们身上。我们许多人都有过鲍勃·迪伦[①]谈到的体验:听到言语"从每页书中源源不断地流出/就像它被写在我的灵魂之中"。默顿的思想很快成了我的北极星,在寻求真理的道路上引领着我。就像耶稣那样,他毫无畏惧地信赖真理的引领。由于默顿也生活在这个世纪,从他的思想中我意识到,我也可以做同样的事情。就这样,在寻找我的真理——写有我名字的剧本——的途中,我无意中发现了这本引导我的余生迈向正确方向的著作。

通向真理的道路

读完这本书,在接下来的7个月中我又研读了默顿的五六本著作。我将它们放在书架上法律书籍的旁边,每天坚持阅读。几个月后,我花在默顿书籍上的阅读时间比法律还多。这是我漫长道路的起点,我就此远离了父母和文化为我准备好的剧本,也在大学毕业后远离了我误以为写有自己名字的剧本。默顿说,救恩与死后的天堂之旅无关,与逃脱地狱无关。相反,他解释说,重要的是意识到,在我们诞生之初,至爱者就在每个人心中预备了真实的道。这个道属于至爱者,我们无法为满足自己的喜好而凭

---

① 鲍勃·迪伦(Bob Dylan, 1941~),原名罗伯特·艾伦·齐默曼(Robert Allen Zimmerman),具有重要影响力的美国唱作人、民谣歌手、音乐家、诗人,获2008年诺贝尔文学奖提名。

空捏造它。

我开始意识到,真理不是我们所拥有的东西,而是引导我们的东西。富有朝气的、活跃的、充满爱而非恐惧的人生就是追随真理的人生。真理就是不断帮助我们成长的至爱者,在追随真理时,它要求我们放弃此前信奉过的、束缚我们并让我们感到焦虑的古老真理。正如基督教牧师、和平活动家威廉·斯隆·科芬[①]所说:"真理是被焚烧掉的错误。"

也许最有名的圣哲和先知确实已经获得了真理,但真理不能完全包含在以他们的名义产生的信条、书籍、宗教或哲学中——这无疑会让每种传统中的原教旨主义者大为恼火,因为他们认为自己拥有独占性真理。但这是不可能的,因为我所谈到的这种真理更多的是动词而不是名词。"真理的寻求者可以创建充满爱的团体,"科芬写道,"而真理的占有者则对那些不拥有这种真理或拥有其他真理的人士充满太多的敌意。"

在我担任牧师的日常生活中,在酝酿布道词和实际布道期间,经常会有这样的时刻:为了在布道中顺服于至爱者的心意,我不得不放弃自己对布道的想法。这种顺服于真理的时刻既令人痛苦,又令人振奋。但是,一旦我顺利完成了这种转变,恐惧就会消失,我就能在讲坛上充满活力和勇气。

美国著名词曲作家伦纳德·科恩在纪录片《我是你的男人》中说,直到他放弃了创造杰作的想法以后,真正的音乐杰作才能产生。"放弃你的杰作,"他说,"沉入真正的杰作中去。"

[①] 威廉·斯隆·科芬(William Sloane Coffin,1924~2006),美国自由派基督教牧师,资深的和平活动家,著有布道集《爱的勇气》。

这就引出了下面这个问题：如果求真的习惯首先是在整个人生道路上追随真理，那么，我们将被引向何方？

我们因追随真理而得自由，这种观点包含在《圣经》中的"真理必叫你们得以自由"（约翰福音 8:32）这句话中。这句话有若干有趣的说法，其中包括出于南方作家弗兰纳里·奥康纳①之口的"真相必叫你们得以自由，但首先它会让你们变得很古怪"。在通常情况下，通向真理的道路会迫使我们在某些关键问题上调整自己的思想和生活。

马克·吐温在其经典故事《哈克贝利·费恩历险记》中探讨了这个话题。书中采用大胆、诙谐的手法，深刻揭示出美国的原罪：被奴隶制可怕地煽动起来的种族歧视。在哈克贝利·费恩的道德觉醒之路上，尽管围绕着他和他的奴隶朋友吉姆的文化非常可怕，他依然以真理为向导，并获得了胜利。宗教和奴隶制度勾结起来，散布谬论说：黑人是个人财产，而不是理当受到爱护与善待的人类。宗教所采用的做法就是前文中谈到的众所周知的、人们惯用的、基于恐惧的威胁——地狱的威胁，它的目的是让个人顺从风行的文化惯例。

哈克的朋友吉姆逃跑了。哈克知道他藏在哪里，然而，心中的爱让他保守着秘密，尽管这会使他成为同谋犯。哈克感到，那被种族歧视所扭曲的良知在"折磨"着他，告诉他：既然打算帮这个人逃跑，那么他就是"邪恶的"。

这种焦虑冲击着哈克的灵魂，让他无法承受。为了缓解这种

---

① 弗兰纳里·奥康纳（Flannery O'Connor，1925~1964），美国小说家和评论家，美国文学的重要代言人，著有《智血》、《暴力夺取》、《好人难寻》等书。

焦虑，他决定写信告发吉姆，通过毁掉他人来平息自己内心的风暴。本质上这是基于恐惧的想法：为自己而牺牲别人的生命。与之形成鲜明对比的是，爱让我们看到，所有的生命都同样宝贵。

在片刻的静默中，哈克眼前浮现出吉姆的形象，想起了自己的基本人性，瞬间，他的良知危机出现了逆转。他拿起信："我开始颤抖，因为我必须在两者之间做出决定，而且是永远的决定。我知道这个决定意味着什么。我沉思了片刻，稍稍屏住呼吸，然后对自己说：'好吧，那么，就让我去地狱吧'，然后将信撕碎了。"他决定："我要做一些事，暗中帮助吉姆摆脱奴隶身份，如果我能想出更坏的事，我也会去做。因为只要我在做这件事，并且是出于善意，我就应该将好事做到底。"

这样的瞬间我们也经常见到：求真的习惯让我们把恐惧转变成爱。它向我们表明，极度的恐惧——在这种情况下，对文化惯例的反对并因此被扔进地狱——是如何扭曲人类的良知乃至于现实。但是，在净化良知的过程中，求真的习惯将会以我们为管道，来纠正基于恐惧的文化所造成的偏见和不义。当我们听到它的呼唤时，它会鼓励我们采取行动。

行动的勇气

每个人都会在某些时刻体验到自身的真理。哈克在静默中想到他的朋友并意识到，为了走上自己的真理之路，他需要和流行的风潮对抗，此时他就迎来了这种时刻。这种时刻可能到来得非常戏剧化，也可能安静但明确地发生。

父母们经常谈到，子女所寻求的真理与他们被教导的真理截然不同。有时候，当孩子成熟以后，他们会竭力抗争，以便自己的真理得到认可。当我带着儿子彼得旅行、参观各个高校时，我大步流星地走在校园里，一路上兴致勃勃地讲述着我所掌握的真理。我和他是不同的人，他的真理和我的不同。当我意识到这一点，我放慢脚步，由他带头来探索什么对他最有意义。

但是，无论真理如何降临，它都会让人产生充分的正义感，以便克服人们对风险的恐惧。尽管在爱的所有习惯中，真正的冒险起着至关重要的作用，但它在求真的习惯中尤为明显。面对着太多的岔路，焦虑会阻止我们遵从真理所指明的方向。当我认出真理时，如果我顺从它结果会如何？这个问题可以阻碍我们的人生轨迹。然后，在其他的抉择关头，真理会突围。

在法学院我意识到，自己生活在谎言之中。早在阅读托马斯·默顿著作的初期，我就意识到了这点，即便如此，我依然不知道真理试图将我引向何处。后来，在一个阳光明媚的日子，我开车去附近聆听某个电台节目，它讲述的是法学院和其他研究生院的毕业生们的故事。突然，我的头脑中冒出了一个出人意料的念头："你永远不会从范德堡大学的法学院毕业。"这就如同最初落下的几点雨滴，此时你会尽力说服自己：暴风雨不会降临。

有时候，我相信，至爱者就是通过这样的方式，低声告诉我们在未来如何与它合作，以便我们能以一种全新的方式看待人生。但至爱者也是仁慈的，爱给予我们觉察真理的机会不止一次，因而我们不会永远错过。每天都有这样的机会。"在每件事情中，都有一种神圣的东西参与其中。"犹太学者亚伯拉罕·约书亚·赫舍尔写道。我们有很多做出抉择的机会。

第三章 求真的习惯

　　如果说，我在收听电台节目时冒出的念头是恶劣天气的开端，那么，在秋季学期的期末考试中，暴风雨无疑变得更加猛烈。我学习"统一商法典"的动力，更多是出于对诲人不倦的教授的热爱，而不是对法典本身的热爱。这个教授极其严谨，在四个小时的考试时间内，他坚持让我们利用前两个小时来给答卷拟出提纲。事实上，他认为当我们在蓝皮小考试簿的封面上签署荣誉承诺时，就是作出了直到第三个小时才开始答题的承诺。

　　我为自己的答卷拟定了复杂的大纲。这大约花了 104 分钟的时间，然后我想要活动一下双腿。于是我休息了片刻，在飘着小雪的清晨散了一会儿步。然后，事情发生了。

　　一个平静的声音问我："你是律师吗？"

　　我默默地走着，过了片刻，心中另外一个声音回答说："不是。"

　　"如果你不是律师，你需要法律学位吗？"

　　沉默。然后，从心灵深处传来答案："不需要。"

　　"如果你并不需要法律学位，你需要完成这门考试吗？"

　　"不。"回答这个问题要比前面几个问题迅速得多。

　　我继续往前走，再也没有回到考场。雪中的那场顿悟导致了接下来一系列的纠纷，这牵涉到我的未婚妻（现在的妻子）、我的父母、法学院，以及后来找到我的法学教授（在我做过解释以后，他对我表现出来的同情至今让我感到意外）。但这些复杂情况并没有让我退缩。如果说这让其他人和我感到痛苦和不适，这是事实；但如果说让人招架不住，那就是夸大其词了。当我们认清自己的道路，并确信真理在这条道路上引领着我们时，复杂的问题往往会变得明朗起来。

这让我想起本章开篇时讲述的那个故事：我决定让那个犹太教徒在不受洗的情况下加入我们的教会。若干年后我才明白，我对是否接纳这个崇拜者而产生的焦虑完全是浪费精力，大多数的担忧当然都是如此——浪费精力。没有第二只鞋会扔下来。事实上，完全相反的事情发生了。这个犹太教徒找到了自己的位置，在崇拜活动中成了热情而微笑的接待员。在这里，他的出现完全是建设性的。当人们得知他是犹太人时，都会微笑着予以认可。有个人说："有一个和耶稣信奉相同宗教的成员真好。"

你的真理 VS 我的真理

在求真的习惯中，最棘手的问题就是，真理是个观点问题，而不是事实问题。当我们问自己"这种情况下的真理是什么"时，我们应该始终在结尾加上"对我来说"这几个字。这并不是说，真理是以自我为中心的，因而我们不必担心它对每个人的最大幸福所产生的影响。而是说，在聆听真理对我们的呼唤时，我们首先必须履行自身的责任，而不必坚持让其他人用完全相同的方式来回答这个问题。

这可能会给我们的生活带来巨大的情绪波动。当我们察觉到其他人没有察觉到的真理时，我们必须设法弥合这种鸿沟，或者，我们必须接受这种分歧，知道怎样最好地接纳他们。这可能意味着离弃我们所珍爱的人，也可能意味着接纳真理观念不同于自己的人。

家庭关系属于最亲密、最复杂也最持久的人际关系。然而，

第三章　求真的习惯

在家庭中，求真的习惯也可能会以最痛苦、最令人费解的方式呈现出来。我认识一位叫朱莉娅的年轻女士，从十几岁开始，她就深受焦虑症和抑郁症的困扰。几年前，她的恐慌症接二连三地发作，这迫使她仔细审视自己的过去及其行为，以便确定造成如此持久的痛苦和恐惧的原因。通过艰难的心理治疗，伴随着练习瑜伽、每天与丈夫一起散步、绘画等治疗性活动，她开始明白这是怎么回事。

朱莉娅是家中最小的孩子，父亲是俄亥俄州地区的著名老师，父女俩的关系非常亲密。当她的哥哥姐姐离开家庭以后，父女的关系变得更亲密了，大部分周末时光，两人都会在家附近共同劳动。朱莉娅大学毕业后搬回俄亥俄州，距离父母的住所只有几个街区远。她开始有了自己的家庭，一切似乎都很顺心。后来，她的独生女也长成了大姑娘。从那时起，她患上了恐慌症。

好不容易朱莉娅才认识到，为了恢复健康，她不得不承认，她与父亲的关系是不正常的。她的父亲极富人格魅力，对她影响太大。即使在她长大以后，她仍然处处设法取悦他。当她看着父亲与自己十四岁的孩子相处时，她无法摆脱那种无所不在的忧虑感。他对孩子的强烈关注让她感到深深的不安。尽管他俩之间没有发生暴力或胁迫行为，他却让她招架不住。等她认识到这个真相——她知道很少有人会理解甚至承认——以后，她感到如释重负，轻松了许多。多年以来，她始终在告诉自己，这种感受是错误的，现在她接受了这个真相，并承认它是真实和有意义的。

对朱莉娅来说，要面对这种真理并不容易，因为这颠覆了她对世事的理解。依照这种真理而行动是危险的，因为它甚至可能更深地破坏她的生活——她会对抗她的父亲吗？还是躲开？或者

在父女之间造成身体或感情的隔阂？此外，她也知道，这种真相其他人也许不会说出来，这让她感到孤立而害怕。

在家庭和其他人际关系中（也包括宗教、政治和外交政策），由于我们试图捍卫陈旧的、有害的、完全错误的世界观，或者，由于捍卫自我中心的、狭隘的"真理"观，我们给自己和他人造成了极大的痛苦、焦虑和恐惧。当我们顺从真理，让自己的生命更能给予和赐福他人时，我们就会更加自在，那时就能成为更慈悲、更开放的自我。成为真正的自我。

甘地说："谬误不会因为千百遍地传播就变成真理；同样，真理也不会因为无人知晓就变成谬误。"朱莉娅陷入恐惧和内疚的罗网中，只有当她能够改写自己的剧本并接受自身对家庭关系的深层看法时，她才能够卸下极度焦虑的重轭。在这个例子中，承认真理的过程也就意味着灵魂已经在按照这种真理而行动。

走在路上

实践求真的习惯不是三下五除二就能完成的。问题在于：在改变人生的道路时，我们如何防止恐惧之雾笼罩住每件事情，模糊了前进的方向。例如，当父母承认，孩子必然会走自己的人生道路，不同于他们所想象和规划的道路时，抛弃过去的真理似乎很可怕，代价过于高昂。但是，意识到这条人生道路因为真理的引导而发生了变化，能够帮助紧张的父母们抛弃他们的剧本。

在对自身的行动做出决策时，尽管真理向我们指明了道路，让我们通向扎根于爱之中的、真实而不同的生活，恐惧仍然可能

第三章　求真的习惯

侵袭我们。这种恐惧会用最棘手的疑虑困扰我们、影响我们。每当恐惧引诱我们放弃正道时，至爱者就会再次要求我们去实践求真的习惯。绘制真正的人生航道的方式——其特征就是摇摆不定的信心和外在的阻力，并最终越来越深地忠实于写有我们名字的剧本——是所有灵性探索者都不陌生的经历，包括在沙漠中受到试探的耶稣。

我本人在非常软弱的时候汲取到了这个教训（难道大多数重要的经验教训不都是在我们很软弱的时候学到的吗？）。我已经放弃了法律，并接受担任圣公会牧师的培训。当务之急就是我要找个有薪水的工作。怎么办？去哪里？我的主教安排我在几条出路之间做出选择。最初遇见的牧师显然和我格格不入，但第二个牧师似乎是个绝佳的搭档。

丹·马修斯是牧师中的马戏导演①。他奋发向上，富有想象力，卓有成就，善于应付媒体也热爱媒体。他的虔诚和圣洁是毋庸置疑的，他也非常热爱世俗生活，显得忙碌不堪，教会窗户的彩色玻璃无法囚禁他。我爱他，也乐意接受他的栽培。

丹为我在他的教会——亚特兰大的圣路加教会——谋了一个职位。这个教会是城市教会圈中的明星，它思想进步，密切关注社会生活。但是我担心，南部保守分子对美国外交政策的批评者所持的偏见，可能会遮蔽圣路加教会董事会成员在民权运动中所持的自由主义立场，以及他们照顾饥饿者和无家可归者的善举。就在十五年前，亚特兰大的权势者们论断马丁·路德·金过于极

---

① 马戏导演（ringmaster），现代马戏中最主要的人物，负责管理舞台演出、介绍各种情节并引导观众。

端,因为他在批评越战时将美国的种族主义及其外交政策联系了起来。但我发现路德·金博士所说的这种联系是真实的,因此,四年以后,我声明自己的良知反对任何形式的战争。我问丹·马修斯,在和教会的董事会成员会面时,我是否应该表明自己是个有良知的反对者。

丹非常圆滑地说,这应该由我自己来决定。他认为无可无不可。他们可能会忽略它,也可能会毁掉我的前程。这是我自己的呼召。换句话说,这种风险是我自己的。

那些面对歧路时的恐惧时光往往会烙在人们的记忆深处。为了与自身和至爱者进行至关重要的对话,我的内心变得无比安静。我问自己,就"我是谁"这个问题而言,就我对生命和我绘制的人生道路的信仰而言,我的人生故事有那么重要吗,以致我需要将它表达出来,为它做见证,而不管发生任何事情?

教会的理事会中,有些人穿着我所见过的最华美的衣服,这些衣服在质地和做工方面都是亚特兰大最精美的。在冗长的会谈中,我尽力附和他们,交流非常顺利。我开始考虑得到聘用可能给我带来的所有正面效益:我的家庭会获得可靠的收入,来补贴我的妻子霍普的全职薪水;按揭贷款能够实现;而我在圣公会教会的首个培训基地中,就可以拥有很大的教堂和足智多谋的牧师。然而,所有这些东西都可能随着"我反对任何形式的战争"的表白而化为乌有。与此同时,我感到,这个瞬间也将决定:我在获得或保持某个职位的努力中是否会永远隐藏我的道德信念。

我要听命于那个充满恐惧的自我吗,还是听命于那个真诚坦率的自我?

"还有件事……"我开口了。

第三章　求真的习惯

丹·马修斯在斜眼看着我吗？他的面部表情在说："为什么现在搞砸了，小伙子？你死定了！"或者，我将父亲的反对投射到了他的身上？又或者，那也许是自己的恐惧在作祟？我内心的所有"议员们"都在同声大叫。

借助于至爱者的力量，我决定将我的想法委婉地讲出来，告诉大家通过战争来解决国际问题是毁灭性的，也是不切实际的。房间变得安静无声，我心中的"议员们"也是如此。听到在我耳畔低语的真理以后，我感到出奇地宁静和轻松，不再担忧任何后果。

和蔼而出身高贵的理事会主席说了一句既专业又开明的话："我们的职员中有一个年轻人如此关心这个时代的重要道德问题，这很好！"

如何实践真理

必须记住，真理并不是成套的想法，可以让人们记住它并加以系统化，然后指望利用它来赚取某种资格证书。真理不能被完全包含在一个人的头脑、言语、概念或想法当中，它过于活泼而广阔，不是人类所能控制的。相反，真理是不断发展的，是我们对自我和世界运转方式的一系列洞见、理解、启示和顿悟。

不仅我们在临死之前要不断地学习真理，它还能够促成重大的变化。波士顿大学教授、德高望重的外交政策思想家安德鲁·巴切维奇在晚年时发现，他在二十多年的军旅生涯中所获得的真理——尤其是关于冷战的真理——竟然不是完全正确的。柏林墙

倒塌以后,他在柏林散步时看到休班的俄罗斯士兵在兜售徽章、勋章、帽子和少量制服,以及传说中强大而勇猛的红军的手工艺品。这都是些廉价的破烂货。"尽管有些犹疑不决,但我开始怀疑正统信仰可能是冒牌货。我开始明白,真正的真理从来都不简单,从高层人士——无论是总统、总理还是大主教——传递下来的任何形式的真理,在本质上都值得怀疑。"他写道。

真理总是让我们能够更好地理解自己和他人。巴拉维奇对真理本质的看法发生了根本性变化,他受到了触动,开始和其他人分享这些看法,他因此影响了同时代的思想家们,让他们在理解世界时更多地基于爱而非恐惧。当然,真理也让我们的生命更富活力,也更真诚,但只有在我们努力为所有受造物发挥更多活力时才会如此。真理会重新安排每个人的人生,让他/她对所有人怀着更多的怜悯、正义、可持续性与和平。

我们之所以不能永远占有真理,是因为在真理显现之前,它并不存在。真理的这个特点既可怕又令人激动。因此,让真理引导你接纳那个爱与被爱的自我,从表面来看就是个可怕的主张。你可能会同时体验到喜悦、恐惧和孤独,它们如此强烈,令人难以承受,并诱使你回到循规蹈矩、安全舒适的生活,而那种生活正是充满恐惧的自我所营造出来的。然而,当我们顺从真理,进入开放轻松的生活时,我们的体验就会极其美妙,并能深深地鼓舞心灵。真理总是会粉碎任何约束我们的模子。

如果内心没有深切的宁静感,求真的习惯就不能很好地引领我们。还记得我在"静默的习惯"那章提到的那个教友吗?她说感到自己头顶的天灵盖被打开了,重要的"想法和对策"进入她的脑中?在先知传统中,这被称为直接启示给个人的"良心的呼

第三章　求真的习惯

唤"。耶稣再三避开众人，甚至包括他挑选的十二位门徒组成的小圈子。这深刻表明耶稣的静默——这是耶稣的习惯——是如此引人注目，以致描述耶稣生平的所有编年史作家都提到了它。因此，当我们尽力实践真理时，我们首先要花时间修习静默的习惯，让它引领你进入生命平静的湖心。

✧ 如果你觉得自己已经进入了湖心，但那里仍然波涛汹涌，那就让自己继续修习静默。这可能是因为你还没有进入自身真正的湖心。没关系，可能是时机尚未成熟。有时需要花数个小时，有时甚至需要花上数天、数周乃至于数月的时间，才能进入心中的寂静之所，在涉及求真的习惯时尤其如此。

✧ 当你获得静默时，尽量将你想在真理的光照下思考的话题表述成简短的开放式句子。你想要那个充满爱的自我告诉你什么？对于选定的主题，你也许会听到心中充满矛盾的看法。如果出现这种情况，问问自己如下问题：

1. 你所了解的真理排斥某个特定的宗教、种族或民族吗？或者，它在努力将不同种族转变成人类大家庭？记住：实践爱的习惯的最终目标是，意识到至爱者多么深切地珍爱着你和所有其他人。

2. 你所了解的真理可能让你卷入冲突之中吗？每当我们在追随真理的道路上迈出一大步，就会产生某种形式的冲突——要么是与自我的内在冲突，要么是与家人、朋友、

77

机构或文化的外在冲突（或者两者兼而有之）。这种冲突往往来自于两个故事的竞争和碰撞，它们分别基于恐惧和爱。尽量识别冲突源于其中哪个故事。

3. 在这两个故事中，是否有某个故事更深地植根于恐惧之中呢？哪个代表着基于恐惧的故事呢？它们与你的关系如何？如果你偏离了它们为你的人生所编写的剧本，你觉得自己会遭遇哪些痛苦？也许你有理由担心家人或朋友（就像我一样）的反对或失望，但是请扪心自问：比起背叛真实的自我，他们的谴责更可怕吗？

4. 现在转向另外那个故事——基于爱的故事。这个故事会伴随着平静的信心吗，即便它非常微弱？你也许会有下面这种明显或隐藏的感受："我知道，我的做法不符合某人为我选择的道路，它可能会违背某人的价值体系。但我现在已经认识到，我必须选择这条新的道路，否则便会危害我的心灵和良知。"伴随着真理而来的，除了信心之外，还有平安、喜乐、忍耐、恩慈、自律、宽容大度的精神，你需要根据这些东西来继续拷问这个基于爱的故事是否是真实的。

✧ 要知道，你并不孤单，并不是只有你需要找到勇气来抗拒别人对你的期望。你可以结交那些有过类似经历的人，聆听他们的故事并从中获益。

- 意识到没有真理能够让你完全脱离恐惧。我的导师弗里德曼拉比教导我说，也许我们偶尔需要暂时和他人断绝联系，以便为日后的重新联系奠定更健康的基础。为了保证自己实际上有可能在日后建立以爱为基础的人际关系，这个办法也可以试试，但这样做时，你必须暂时抛弃旧的、具有破坏性的人际交往模式。

- 有时候，践行真理似乎是危险的，会令人敬而远之。我们也许会挣扎，需要艰难地审视自己的生活：我们为什么这样做，为什么信仰这些东西？在我们的整个人生中，当真理引导我们的觉悟上升到新的层次并规定我们的生活和价值观时，它往往会造成某些内在的冲突，借此告诉我们改变即将发生。如果你感受到了这种挣扎和迷惘，记住，这种冲突绝不是最终的结局。最终的结局是新建的、坚不可摧的平安和堡垒，这种平安和堡垒让我们能够免于恐惧，接纳那个爱的自我。

艺术是一种生活方式,
寂寞是一项人生修炼。

扫码免费听《给一个青年诗人的十封信》,
20分钟获得该书精华内容。

第四章　坦诚的习惯

Chapter Four The Habit of Candor

坦率的做法实际上是关爱之举——关心自己和他人，以及彼此的交情。坦诚也是充满爱与信念的举动，这种信念就是：如今这种很糟糕的人际关系可以拥有更坚实的基础，与此同时，勇敢而坦诚的对话能够让彼此的关系变得更丰富、更深刻、更持久，可以经受各种各样的挑战。

有些时候，你可能觉得坦诚是徒然的，或者事与愿违，在这些情况下，必须记住：坦诚的习惯是一个过程，是一种生活方式，而不是终点。

> 真正的灵修不是
> 我曾经渴慕的高山上的修道院，
> 而是
> 在告诉你真相的时候
> 我的脸颊上滴落的汗珠……
>
> ——金·罗森[1]

阿尔·沙普顿牧师和康奈尔·韦斯特教授是一对老朋友，这两位社会活动家因为长期致力于民权运动而深受公众关注。几十年来，他们采取迥然不同的方式来努力减少和根除社会的种族歧视。最近，两人在全国电视台的聚光灯下，辩论着美国黑人的当前状况。虽然他们一直都是彼此忠实的盟友，但在这里，他们成了对手。在热烈的辩论声中，他们不知不觉地践行着坦诚的习惯。正是这种坦诚使得他们继续在其他论坛进行建设性的讨论，

---

[1] 金·罗森（Kim Rosen），诗人、作家，著有《被诗歌救赎：语言的改变性力量》等书。

让辩论更加深入,并通过这种方式来共同前进,而没有因为分歧而陷入僵局。

这个专题讨论小组谈论的问题是,奥巴马总统和其他黑人民选官员应该在多大程度上为美国黑人的问题负责。随着观念的冲突,辩论达到了白热化的状态。沙普顿和韦斯特的感触都很强烈,两人提出了针锋相对的主张。沙普顿大力支持奥巴马总统以往的政策,而韦斯特认为,奥巴马不仅在保护精英阶层的同时很少改善穷人的生活,而且质疑沙普顿所做批评的客观性和自由程度,因为沙普顿最近在媒体界担任非常抢眼的工作。两人的声音越来越高,争得面红耳赤,让那些不了解坦诚辩论的好处和技巧的听众感到很不舒服。当两个人在电视直播中展开唇枪舌剑的时候,其他专家无声地看着他们,主持人也经常袖手旁观。

真正引人注目的,并不是他们在细节上的分歧,也不是两人有机会来进行激烈的辩论——因为稳健的新闻节目往往会在很短的时间内礼貌地介绍各种不同的意见。令人觉得惊奇的是他们彼此之间罕见的坦诚。在这个例子中,两人在对话中毫无顾忌,交换了重要而有益的见解。作为多年的老朋友,韦斯特往往在表达不同意见前称呼对方为"兄弟"。他说得很坦率:"当他在外面时,我喜欢这个兄弟;当他在里面时,我也喜欢这个兄弟。"这里的"内外"说的是沙普顿在主流媒体圈子内外的身份。

这件事告诉我们,在实践坦诚的习惯时应该如何巧妙地化解最棘手的问题:如何表达某种可能会让对方失控、愤怒或产生戒备心理的意见。但这也正是这种习惯的可爱之处:当我们与他人意见分歧时,坦诚相待会让我们接纳并珍惜这段宝贵而持久的人际关系。如果我们能够分享不同的看法并尊重彼此,这是我们能够给予他人的最大赞美。

每个人在抉择关头都有类似的体验：心跳很快；头脑和心中有话要说，又害怕说出来以后会伤害自己、他人或彼此的交情。我们愿意因为恐惧而生生咽下想说的话，让它日后以扭曲甚至破坏性的方式说出来吗？或者我们愿意毫不避讳地说出来，让自己和对方怀着成熟的心态来对待它？当我们实践坦诚的习惯时，开放而充满爱意的心灵会减轻我们的恐惧，给予我们直言不讳的勇气。在谈话中勇敢地说出自己的心里话，不仅让我们在表达看法时不会因为恐惧而畏畏缩缩，也能让我们受益匪浅，乃至于发生变化。

说出心里话

《圣经》中讲述了美妇人拔示巴的故事：在斜日西沉的黄昏时分，拔示巴在自家屋顶上洗澡，遮身的帘子在风中飘动着。此时大卫王正站在王宫的平顶上，惊奇而充满渴望地看着她。拔示巴的丈夫乌利亚是个以色列勇士，正在围攻拉巴，大卫就派兵将这个女人接来，然后和她通奸，让她怀上了自己的孩子。为了掩盖这件事，大卫安排乌利亚从战场上赶回来探望他的妻子。计划失败后，大卫又将乌利亚派到前线。按照国王的命令，在血腥的战斗中乌利亚的战友们离弃了他，导致乌利亚阵亡。

当时，王室成员贿赂先知让他们说自己想听的话，乃是司空见惯的事情。但在大卫王的统治下，先知拿单却秉承着真正的先知传统，呼吁先知们不要做"应声虫"。

尽管大卫王是古代最有权势的人，拿单却觉得有义务告诉国王，他的行为是不可原谅的，他必须为谋杀乌利亚的事负责。他勇敢地面对国王，给他讲了一个寓言故事：有个富人牛羊成群，却偷了穷人心爱的羊羔。大卫王听到以后大为震怒，认为这个富人做了恶事，理当受到惩罚。然后，在拿单的诱导下，国王通过这个故事看到了自己的道德过失。

"你为什么藐视耶和华的命令，行他眼中看为恶的事呢？"拿单说。这显然切中了要害（撒母耳记下12:9）。"你就是那人。"（撒母耳记下12:7）这个《圣经》故事弘扬了五千年以来"向权贵说真话"的先知精神。

尽管拿单的故事可能是最早记录在案的、向权贵说真话的例子，但它和某些最坦率的人物——托尔斯泰、甘地、埃莉诺·罗斯福、马丁·路德·金——的所作所为没有不同，都减少了世界上的暴力。我们将会看到，这就是巧妙地"说出心里话"的魅力所在。

人们总是会告诉斗殴的孩子们："君子动口不动手！"大多数成人都知道，让孩子们用语言来表达自己，远远比动手能更有效地减少侵略性行为和缓解紧张局面。但是，当我们长大以后，我们未必能遵守这些教导。通常情况下，我们不会坦诚而谨慎地克服与他人之间的分歧，而是如履薄冰，甚至在某些不快的场合完全避免接触。结果要么导致僵局，要么导致积压在心头的愤怒和不满越来越多，滋育那个充满恐惧的自我，并吞噬那个充满爱的自我。

从恐惧到爱

因为恐惧而不敢进行坦率的对话，会让我们在行动中怀着怨恨或其他负面感受。这样，误解或报复就很有可能趁机而入。沉默会滋生无尽的误解和荒唐的臆断。但是，如果我们能够找到巧妙的方式和合适的时机，通过沟通来发现问题的核心，我们就能消除所有怨恨和误解所表现出来的恐惧。

我曾经写了一篇很长的布道词，其中重点谈到了我与已经过世的岳母之间的关系。在写这篇布道词时，霍普和我都体验到了坦诚的力量，并从中受益匪浅。我们刚结婚的时候，很多时候岳母充当的都是一个举足轻重的人物。在我的人生中，我与她的关系最具挑战性也最丰富多彩，这给了我极其宝贵的经验教训，让我渴望与他人分享。而谈到霍普的母亲之前和我们的关系，获得霍普的许可是很重要的。一天早晨上班前，我把布道词的草稿交给霍普，并打算当天下午和她交流。

回家的路上，我开始感到恐惧，心跳加快。呼吸变得急促，如鲠在喉。在恐惧的驱使下，我的脑海中浮现出上百种最糟糕的场景：她会生气，感到受伤，不再理我；她会痛恨我重提过去的伤心事；她会因为我说她母亲的坏话而伤心哭泣；我会失去她的爱。在我们与自我对话的时候，不断蔓延的恐惧可以滋生上百万种悲惨的怪念头。

在我开车回家的短短几分钟里，我意识到，就在我前一天进入静默时，我想起了受害者——英雄——学习者之间的区别，我的恐惧逐渐消失了。成为受害者或英雄会让我们心灵狭隘，而成

为学习者时,我们就能开明坦诚,承认也许需要矫正自己,接受教导。当我以学习者的心态来想象令人害怕的会面时,我一整天的生活就变得迥然不同。我意识到,我能够以受害者、英雄或学习者的心态来面对霍普的意见。我可以进行自我辩护,感到受伤或假装顺从,也可以怀着汲取经验教训的态度来聆听她,并完善自己的布道词。

回到家时,我发现她坐在露台上,我的布道词草稿放在她面前的桌子上。"这些年来你肯定承受着很多痛苦。"她温柔地说。

"是的,"我说,立即自己放松下来,"的确如此。"

她指着草稿中的某段话继续说:"我认为,这个词并不妥当。"她提供了一些其他的措辞。接着她谈到了别的地方,并提供了自己的看法。我惊呆了,因为比起我原先的措辞,她的建议将事情说得更清楚——它们是完美的。我在学习,并意识到,她也在学习。我们彼此的关系更深入更丰富了。我感受到了她的敏感情绪,同样她也如此。我感到至爱者深深地安住于每个人的心中。

坦诚的习惯意味着说出心里话,表露出那个充满爱的自我,这样,对方就能更轻松地从充满恐惧的自我转变成充满爱的自我。这就是霍普在那天帮我做到的事情。

坦诚需要勇气

并非所有的坦诚之举都需要向政治、经济或宗教权威等世俗力量直言不讳。我们的处境可能和拿单不同,但他进入圣殿面对

第四章 坦诚的习惯

国王时所走的漫长道路，也是我们走进老板办公室时所走的道路，当事情不对劲时，我们对所爱的人也会做出同样的要求。由于害怕对方会永远离开我们，或暂时不快地离开，将我们孤零零地撇在这个世界上，我们放弃了许多有可能改变人生的坦率之举。虽然这种担心并非空穴来风，但它不应该阻碍我们做出深思熟虑的决定和选择坦言相待的时机和方式。当我们怀着开放的心态，做出这种困难的决定时，我们发现自己会本能地积攒起必要的勇气，能够既坚定又敏锐地去面对那些恐惧。我们就能弄清楚，这些担忧是否真的是必要的。运用自己的创造力和敏锐度，我们就能尽量不疏远他人。我们相信，巧妙得体的言辞能让爱情、家庭、企业、宗教社区或任何其他系统变得更亲密，甚至更持久。

即使坦诚的动机是积极的，人们也往往对它表现出强烈的戒备心理。我的朋友玛丽说，敞开心扉对交流双方来说无比重要。最终，这些交流有利于双方的关系变得更深入、更坚固。玛丽嫁给了身材魁梧又细心周到的书画艺术家格斯。多年来，他们经营着自己的小公司。在过去的十年中，玛丽始终在出版行业工作，而格斯则是个自由职业者。

我亲眼目睹过他们最温柔的爱情，他们彼此尊重对方。但是，当玛丽与她的一个同事闹翻后，她的婚姻关系开始变得紧张起来。她将紧张的工作关系所产生的挫折感带回家中，影响到了自己的家庭生活。和玛丽共事的编辑吉尔很反感她冲劲十足的工作态度，认为她控制欲强，不知感恩。一天，玛丽和吉尔竟然在食堂里发生了令人尴尬的争吵，吉尔称玛丽是"奴隶监工"，并指责她破坏了工作氛围。不久，吉尔开始公开向同事们说玛丽的

坏话,甚至打电话给她们工作以外的共同熟人抱怨。

当然,玛丽的看法完全不同。她也被激怒了,并经常向格斯抱怨,说吉尔在工作上马虎懒散。一想到同事们可能会相信吉尔说的关于她的坏话,就如同刀扎在她的心窝上。那次公开而丢脸的争吵以后,玛丽回到家中,在厨房的桌子旁面对丈夫坐下,满心指望他站在自己这边。她不仅感到愤怒,也觉得自己在私人关系和工作上都受到了背叛。最重要的是,她显然觉得自己承受着令人无法原谅的不公。"这就是不公平!"她抱怨道。

在多年的封面设计工作中,格斯已经非常了解玛丽的同事们。令玛丽感到吃惊的是,他并没有站在她这边。"这与公平无关。"他说。他告诉妻子,她工作出色,他相信她的才华,欣赏她的工作热情。但他也说,她的确是个工头,可能冲劲过足,太注重细节,在办公室里尤其如此。

在这里我们看到,坦诚的习惯需要就某些棘手问题进行勇敢的沟通,但此时我们往往更愿意三缄其口。在追随真理时,我们总是会面对两个并存的现实:我们在交流时的感受,以及他人透露出来的对其自身定位的感受。在这种交流中,吉尔、玛丽和格斯都在自己的真理中挣扎,艰难地学习如何坦率地讲出这些真理。每件事情都可以从不同的角度来看待,坦诚的习惯承认这个事实,同时也尊重我们的真理。

玛丽坐在桌子旁哭了起来。她觉得格斯不支持自己,这似乎是另一种背叛,他不应该这样对她。当丈夫继续解释时,她渐渐明白,他始终都在竭力为她着想,并且会继续这样做,而且,在这种分歧中,他采用意想不到的、更深刻的方式表达了他的支持。当她退后一步,以学习者而非受害者的心态来看问题时,就能看到格斯在表达真理，不管这个真理由谁说出来，它听起来都会有些刺耳。

回想以往的电子邮件和会议，她开始更多地从吉尔的角度来看问题，同时也没有完全否定自己的看法：吉尔不是个非常投入的工作者。但是，不能仅仅因为自己干劲十足就要求吉尔也这样做。对玛丽来说，承认并最终接受同事的工作作风就是慷慨之举，这让她用全新的眼光来看待她们之间的互动，从充满爱的自我（而非充满恐惧的自我）的角度来诠释它。

让人意想不到的是，她开始感到自己更受鼓舞。她可以改变自己的习惯，改进自己的作风，在工作中取得更大的成功。在她极其脆弱的时候，格斯的坦率其实是非常勇敢的举动，因为这可能会让妻子疏远他，毁掉他们之间的相互信任。相反，他成功地将吉尔的愤怒批评转化成了建设性的、富有成果的、最终充满爱的姿态。他的坦诚之举表明了坦诚的习惯在巩固人际关系时所具备的力量。

当坦诚事与愿违

毫无疑问，善用坦诚并非易事。在有些情况下，坦诚可能是完全不切实际的——也许我们并非置身于充满爱的环境中，或者，与我们打交道的人或机构不能将它视为学习的机会。无论我们的坦率之言具有多大的善意并毫无攻击性，其他人可能就是无法接受它。这种戒备心态非常普遍，我们都本能地想要保护自己免受批评和情感伤害。

我认识一位年轻的蕾切尔女士,她有三个不满六岁的孩子,她的父母住在佛蒙特州的乡下,每隔几个月就来看她,然后在她们家错层式小房子的客房里住上一两周。蕾切尔的母亲乌特是个可爱的祖母,具有无限的活力。当她突然来访时,她会接手大部分烹饪和购物工作,完成蕾切尔(她是个兼职会计)始终无法干好的差事。精力充沛的乌特给予了女儿大量帮助,但是两年以来也不断酝酿着麻烦。

乌特对营养、娱乐和服装之类具有非常刻板的看法。尽管身为父母的蕾切尔和丈夫丹更为懒散,不喜欢为小事折腾得满头大汗,她的母亲却喜欢将万事安排得井井有条,尽善尽美。当她和女儿、女婿共同生活的时候,她会提出无穷无尽的建议。随着时间的推移,这不但没有让蕾切尔教育子女的工作变得更轻松,反而变得越来越困难,她与丹的关系也变得紧张起来。

一个傍晚,乌特办完事情以后回到家中,发现女婿正稳坐在他最喜欢的椅子上看电视。孩子们在他脚下玩着积木,蕾切尔在楼上洗澡。乌特猛冲过来,关掉了电视,并问孩子们是否已经洗过澡,吃过饭。丹愣在那里,他让步了,他和蕾切尔决定,他们需要在这次团聚期间解决这个问题,并最终定下某些重要的基本规则。事情必须换个样子。

讨论并不顺利。过了几天,等到孩子们上床睡觉,蕾切尔的父亲也结束晚间活动以后,蕾切尔、丹和乌特站在厨房里说话。蕾切尔感到紧张而不安。

"你来看我们,我非常高兴,妈妈!"她试探性地笑着说,"你帮了我们很大的忙,我们感激不尽。但是,丹和我觉得我们在自己家中就像小孩子似的。"

第四章 坦诚的习惯

乌特皱起了眉头，将双臂抱在胸前。"嗯，的确，"过了片刻她说道，"你俩在自己家中的举止就像小孩子，不是吗？"

蕾切尔与丹交换了一下眼色，并再次尝试。"你能够帮我们，这真好，但孩子们在这里需要将我们视为权威。我的意思是说，等你离开以后，我们才是他们的父母。对吗？"

乌特保持着沉默，此时蕾切尔尽量以平静的口吻继续解释她的看法。她的理由无懈可击，语气也毫无挑衅的意味，但是，在女儿的坦率之言中，乌特仅仅看到了批评和忘恩负义。

乌特的脸涨得通红，最后她说："好吧，如果这是你的感受！"然后就上楼去了。

这次相聚的剩余时光变得非常紧张。几个月过去了，又到了乌特来看望蕾切尔夫妇的时间了，但他们并没有提这件事。当蕾切尔在电话中邀请他们时，母亲拒绝了，并解释说，他们决定到别处去度假。现在他们见面的次数稀少多了，而且无法再重提这个话题来消弭彼此的伤害。尽管丹松了口气，蕾切尔却倍感遗憾。"但是，如果扪心自问我是否应该保持沉默，我觉得不应该。"她解释说，"我需要她改变自己的行为，如果她不能做到这点，她最终会碰壁。"

通常情况下，在坦诚的交流中，互动的成功与否可能会取决于某些外在的因素，例如时间和地点。在不带偏见的场所，如果只有两个人并且双方都已经冷静下来时，这种勇敢的谈话能够更有成效。但是，即使我们采取了所有能够想到的预防措施，心态开明并具有宽宏大量的精神，交流仍然可能导致感情受到伤害。当同事、朋友、孩子或配偶不屑于我们的坦诚时，会让我们觉得遭到了拒绝。它甚至可能威胁到我们的工作态度，让我们的私人

生活变得紧张起来。

我们没有办法来决定或引导别人如何回应我们的行为。当然，我们可以做出敏锐的、充满爱意的选择，借此在某种程度上影响他人，但我们无法决定他们的感受。很多时候，我们必须承认，我们竭尽全力也未必会取得突破性进展。在这种情况下，怀着爱的态度来真诚地践行坦诚的习惯，本身就已经足够了。

"真实"是复杂的

如果不表达出爱意，运用坦诚就无法达到效果，而这种爱可能是我们对至亲者的爱，也可能是更专业性的尊重（尊重是爱的表现形式）。由于我们的目的是表达自己的真实想法，或聆听别人的真实想法，因此坦诚和慷慨是密不可分的。如果你想要通过批评或判断，将自己的"真理"或力量强加于他人身上，你就是在对别人实行高压攻势。如果交流的潜在动机是想压倒对方或实施正义（英雄的姿势），那么，它就会蜕变成竞争性的较量，最终必然有人会屈服。通常情况下，当某个人坚持他或她在表达"真实"或"真理"时，这不过是换了一种方式来声称自己比他人更重要或更正直而已。

在首次访问"国际人类潜能运动"[①]位于美国加利福尼亚州大

[①] 人类潜能运动（human potential movement），心理治疗的某种主张，由美国心理学家墨菲、莫雷诺、马斯洛、罗杰斯等于20世纪60至70年代掀起。该运动相信人类具有尚未得到充分开发的潜在能力，主张在心理治疗中采取积极的做法，开发这种潜能。

第四章　坦诚的习惯

苏尔市的著名中心伊沙兰学院（Esalen Institute）时，我有幸与共同创始人迈克尔·墨菲共进早餐。伊沙兰学院成立于上个世纪60年代早期。在上世纪80年代的冷战高潮中，它因为强调苏联与美国之间的公民外交策略而广为人知。墨菲和妻子达尔茜都在做开创性的工作，并在随后的数十年中带动了各种信仰之间持续不断的对话，我受邀参加他们的活动。这种无畏沟通的承诺逐渐演变成了全球宗教间运动的开创性工作。运用语言来沟通，而不是暴力！

等其他人先吃完了早餐，我与迈克尔·墨菲单独交谈起来。我们所在的大楼位于悬崖边上，可以俯瞰太平洋，喝着咖啡聊天时，可以看到远处的货轮在深蓝色的海水中留下长长的银色痕迹。凡事都喜欢追根问底的墨菲向我打听手头写作的书籍。回答时，我用"真实的自我"这种说法来形容那种摆脱了恐惧之能量场的生活。

"哦，当心'真实'这档子事。"墨菲立刻说道。

我很好奇，想要弄明白他的意思。"愿闻其详。"我说。

"真实可以掩盖各种各样的罪恶。"他解释说。他随后讲述了一个滥用"真实"字眼的警世故事，我称其为"虚假的真实"（false authenticity）。他解释说，我们可以打着"忠于真实理念"的旗号，造成大量的伤害。"你必须要小心：在所有的真理主张背后，可能存在着权力之争。"

我点头承认了这两点："真理主张"及"权力之争"的观点。正如我们在求真的习惯中看到的，和大多数人的信念相反，并不存在终极的真理信条，而真理本身也不是静态的；就如墨菲所解释的，真实的概念与此类似。此外，在我全部的私人生活和职业

95

生涯中,我不得不面对组织化的宗教,它们沉迷于"权力之争",同时又宣扬着某些真理主张。我立刻意识到他话语中的智慧,洞察到那些所谓真实的主张在各种情况下是如何为不必要的伤害行为做辩护的。

这同样适用于我们的个人关系。基于爱的坦诚之举不会源于个体之间的权力之争,后者是基于恐惧的行为所结出的果实。"我的父亲不喜欢我。"我的挚友吉姆曾经告诉我,"他总是在别人面前贬低我,甚至认定我会失败。我不明白他为什么那样想伤害我。"不幸的是,他认为他的父亲不认可自己的整个人生。

在二战期间吉姆的父亲出生于东欧的一个小村庄。在孩提时代,他始终生活在动荡和恐惧之中。十几岁时他来到美国,和某个移民同伴在纽约定居下来。看到儿子享受着他从来不曾享受过的自由,这个男人的心中感到恐惧。他害怕吉姆会吸毒、受伤,或做出错误的决定。要将自身的成长经历与促使吉姆茁壮成长的文化现实调和起来,对他来说并非易事。吉姆的父亲对这种恐惧所做出的反应,就是对他的儿子和其他人说些贬斥性的话语。通过坚持其世界观的正确性——其立场的"真实性"——他为自己的这种伤害性行为作着辩护。当他拼命地想要驾驭自己的孩子时,他无意中将他推得越来越远。但是,通过他表达坦诚的方式我们洞察到,当坦诚源于恐惧时,它可能会具有破坏性并造成伤害,而不会给予力量。

当滥用坦诚时,父母与孩子两代人之间的复杂关系就会比任何其他人际关系都更加脆弱,因为孩子害怕失去父母的爱,这种恐惧超过了世界上的任何其他东西。这样滥用坦诚的代价非常高昂。在其他人际关系中,我们都不具有这种力量的不平衡,也不会对身体、性别或情感上的侮辱性攻击这样毫无防范。试图挫败或羞辱他人或忽略其感受，或者将自己的信条强加于他人之上，都没有体现出坦诚。残忍是恐惧的习惯，而不是爱的习惯。

然而，我们也可以设法在运用坦诚时让双方都具有强烈的新生感，甚至是超越感：当我们逐渐体验到内心的至爱者时，我们也意识到其他所有人身上和所有人际关系中，都存在着这个至爱者。如果这位父亲的坦诚源于充满爱而非恐惧的自我，他也许可以采取大量积极的方式来改善父子关系。然而，他却将恐惧和谴责传递给了儿子，这不仅没有帮助他，反而在伤害他。

当我们的存在遭到质疑

我们很容易滥用或曲解坦诚。如果打着提供建议、说真心话或分享真理的旗号，说些尖锐的话，这根本不是坦诚。当这种努力隐藏着嫉妒、自以为是、愤怒和恐惧时，坦诚就变成了残酷。当迈克尔·墨菲和我谈到滥用"真诚"的时候，我记忆的洪流与之产生了某种共鸣。我回想起十几岁时的一件往事，而在几十年中，我从未想起过它。1964年时，我年满十六岁，第一次远离家乡度过一段重要时光。我被挑中到湿热的佐治亚州的梅肯市卫斯理学院参加州长荣誉学生夏令营活动。这次夏令营挑选了佐治亚州各地的400名高中生，将他们汇聚起来，在各种学术和艺术领域进行为期八周的强化训练。我们面对的是这些领域最睿智、最出色的老师，此外，还有聪明幽默的年轻辅导员负责管理我们的宿舍和课外活动。

到达梅肯市数天以后,我和一群同龄人以及一个辅导员在一颗巨大橡树下的草地上扎下营帐,举行我们的首次聚会。尽管那些年轻的大学毕业生看似比我们年长许多,其实他们只比我们大五六岁。我们轮流做了自我介绍。在我发言以后,我们组的组长说:"艾德,你肯定是家中的长子。"我承认了。"我敢打赌,你的弟弟妹妹出生得比你稍晚——你曾经是家中的独子。"

"太不可思议了!"我的眼睛瞪得大大的。他的洞察力让我兴奋起来。"你怎么知道的?"

"嗯,这很明显,不是吗?你这样自恋,控制欲又这么强,肯定曾经是家中的独子。"

我尴尬地缩回来。接下来我花了两三个星期,才能够再次在小组活动上敞开心扉。这是我首次体验到"我只是跟你说真心话"的残酷。事实上我的自恋和控制欲丝毫不比别人严重,暂且撇下这个不谈,最关键的在于:为了在我的同龄人面前炫耀他对出生排行问题的专长,并对我的人格做出毫无来由的批评,这个辅导员采取了无情的高压攻势。他可以采取比这善良得多的策略——比如在一个下午将我带到一边,对我说:"艾德,当你觉得宇宙中的万物都离不开你时,这就是所谓的自恋。你可以试着这样想,当别人遇到不幸的时候,这不是你的过错,你也没有责任来控制他们。"

对我们所做的事情(我们的行为)的批评,和对我们的存在(我们的人格)的批评,经常会被混淆起来。这种混淆危害了我们的感受和思想。由于不知道如何理清这些感受和想法,我们就会堕入人身攻击当中,让我们在私人和公共生活中无法满怀信心地推动坦诚的对话。想想格斯和玛丽,他如何巧妙——尽管很不

第四章 坦诚的习惯

容易——地避免了残酷行为。他没有攻击玛丽的人格，而是向她揭示，她的行为有时会让他人很为难。这最终变成了一种馈赠。如果没有这种坦诚，我们就剥夺了自身成长的机会，也会丧失各种各样的交情，而这原本是这种奇妙的、给人自由和力量的习惯所能带来的。

在我们与熟人、朋友和同事相处的情况下，这种情形也普遍存在着。有时候，我们在不知不觉地践行着坦率的习惯，并始终能让自己和他人变得更加充实。一个年轻的妈妈在操场的秋千架旁边坐着埋头看书。两个孩子坐在秋千上，上下晃荡着双腿，开心地大叫着。哥哥名叫尼克，大约六岁，长着淡黄色的头发，身穿柔滑的绿色足球制服，显得活跃而高兴。还有一些别的家庭在周围闲逛，他们打开野餐的花生酱三明治，把苹果切成片给孩子们吃。一个女人犹豫了一会儿，走近了这位年轻的妈妈。

"抱歉，"她神色有些紧张地说，"我能和你谈谈吗，克莱尔？"

克莱尔微笑着抬起头来，手指按着书中刚才读到的位置："当然可以。你还好吗？怎么了？"

克莱尔脸上的笑容让奥利维娅改变了主意。她原本想告诉她的朋友，她已经对尼克的行为忍无可忍。几个星期以来，几乎每次在食堂吃午饭时，尼克都会欺负她的儿子帕特里克。她原本想说："我不知道你家中发生了什么事，但你必须管管你的孩子！这真是无法无天了。他太霸道了。我们——我真的再也受不了了。"

但是她没有，她在克莱尔身旁的板凳上坐了下来，问起她家中的情况，她的离婚和监护权问题。她看着孩子们玩耍，静静地听莱克尔说话。很快，克莱尔敞开了心扉，并告诉她：事情很麻

烦,但正在慢慢好转。奥利维娅邀请她第二天来喝咖啡,并打算趁这个机会来谈谈尼克的行为。

如果奥利维娅决定发泄她的情绪,也许克莱尔会听到这样的话:你是个很糟糕的母亲,你的儿子是个坏蛋,你搞砸了自己的家庭。这样,克莱尔就无法接受朋友告诉她的真相,内心反而会感到抗拒,她们就更难了解到尼克和帕特里克之间问题的根源,并想出好的对策。她会用恐惧对抗恐惧,愤怒对抗愤怒。但是,在他们喝过咖啡以后,当奥利维娅解释学校里发生的事情时,她和克莱尔就能够成为盟友,而不是敌人。

要成功地实践坦诚,我们万万不可批评对方的存在,致使对方在恐惧的驱使下转入戒备姿态。私下里谈话,并在谈到尼克的问题之初就邀请克莱尔共同想办法,这有助于让克莱尔积极而非消极地对待朋友的坦诚之言。既然她的目的是为了共同想出对策,而不是论断或贬斥,她的做法就兼具了诚实与机智。

坦率能帮助我们洞穿外表

我的同事西奥多拉的例子充分证明:坦诚能够有效地摆脱恐惧的束缚,让人际关系更多地在爱中建立起来。在她的人生旅程中,她发现,坦诚这种转变性力量的核心在于识别各种感受——尤其是他人的言语给我们带来的不快乃至于痛苦。当这些感受非常强烈,让我们很难与对方沟通时,或者我们再也无法在别人面前赞誉这个人时,我们可能需要进行勇敢的沟通,洞穿表面行为,找到问题的根源。

第四章 坦诚的习惯

在经历了离婚的痛苦以后，西奥多拉在花甲之年再次和一个名叫克拉克的男人陷入爱河，并鼓起勇气和他结了婚。但是，他们这次发誓不要让婚姻重蹈覆辙，避免让未经处理的负面情绪来破坏彼此的关系。这意味着承认自己的脆弱，并迫使自己在相处中变得勇敢起来，即便是面对看似普通的分歧。

前些日子，他们坐在西奥多拉在帕萨迪纳市的家中，享受着面食晚餐。两个人同时收到了某个节日派对的邀请，西奥多拉兴奋不已地谈论着这个派对。但克拉克立即打起了退堂鼓：他不能参加，他说这要绕很大的圈子，太累。他必须从他在海湾地区的家中开车到南方，然后返回北方和儿子共度圣诞节，再到南方给西奥多拉过生日和圣诞节。他鼓励她独自去。

"晚餐结束的时候，"西奥多拉解释说，"我感到心力交瘁，悲伤而又沮丧——那种感受就仿佛有架电梯突然在做自由落体运动，从百层高楼坠到了地下室——我只好上楼睡觉。我知道这不仅仅是派对的问题。"半小时以后，她又回到楼下，开始坦诚地与克拉克交流，揭示并消除隐藏在这个简单问题背后的痛苦真相。在他们剖析这件事的时候，他们谈到了各自的感情。

他们都对无法共享家庭时光感到很难过。这不是任何人的过错，但他们无法忽视这种难过。他们会分离很长时间，这反过来让他们害怕被彼此遗弃：克拉克的心脏起搏器随时可能停止运转，这对西奥多拉来说是可怕的。在谈话中，他们意识到，其实西奥多拉完全可以独自参加那个聚会，但这样做会让她觉得自己有可能再次成为单身并沦为寡妇。

坦诚是我们对他人的极大赞美，这意味着：当你在保护对方与自己，避免让彼此的关系因为恐惧（而非爱）而不断恶化时，

你所做的事情充满着风险。坦率的做法实际上是关爱之举——关心自己和他人，以及彼此的交情。坦诚也是充满爱与信念的举动，这种信念就是：如今这种很糟糕的人际关系可以拥有更坚实的基础，与此同时，勇敢而坦诚的对话能够让彼此的关系变得更丰富、更深刻、更持久，可以经受各种各样的挑战。

坦诚可以防止人际关系的暴风雨。在我写作这本书的过程中，克拉克死于充血性心脏衰竭。在克拉克的心脏起搏器停止运转的头一天晚上，我去看望他和西奥多拉。他谈到了他和西奥多拉所拥有的"深切的爱"。那种深切的爱营造了宁静而惬意的氛围，让他们能够面对自己的离世。他说："那种深切的爱帮助我净化了所有的人际关系，所以即使我明天离世，我也会安然死去。"随后，我与克拉克共同祈祷并祝福他，接着他也祝福了我。在这个例子中，坦诚的习惯发挥了改变人生的重大作用，帮助这对夫妻升华到了一种平静的状态，让他们可以出于爱而非恐惧来面对接下来发生的事情。

当你需要援手之时

职场中的坦诚之举可能尤其复杂。当双方发生分歧或冲突时，它激发出来的感受有时候是高度个人化的。然而，在工作中情绪化太强无疑是令人不快的，有时候这种情绪是无益的，难以让我们达成富有成效的谈判。然而，在保持专业性和建设性的同时，我们也需要设法做到诚实而坦率。

有时候需要由置身事外的第三方来缓和紧张局势，创造机会

第四章　坦诚的习惯

来进行心平气和的对话。我的朋友乔治在东海岸的非盈利性艺术中心工作，该组织的使命包括：将代表不同身份和文化的专业人士汇聚起来，组建成团队。因此，这个六十多人的团队具有不同的人生经历和价值观。但是，乔治解释说，就像任何大型的多元化群体，他们有时并不是一个欢乐的大家庭。当面对纷争时，他们必须加倍地努力，找到建设性的沟通方式，并敏感地觉察到各自不同的背景和工作作风。

若干年以前，乔治团队中的一个员工向该组织的某个主要捐助者泄露了已被解雇的前员工的秘密资料。其他同事都或多或少地受到了牵连，因为他们知道——并曾经促成了——这起泄密事件。这立刻破坏了大家的相互信任感，而这是团队凝聚力所必不可少的。在这起违规事件以后，恢复信任可能要花很长时间，有时候甚至再也无法恢复。如果规则已被破坏，事件可以遵照机构的原则秉公处理，此时坦率的习惯也许变得多余。但是，在乔治团队的这起事件中，就像许多其他企业那样，违规行为和误解可能需要各方仔细剖析发生的事情及其后果。在这里，坦诚让那些当事人能够表达自己的感受，呼吁实施问责制，并探索如何才能保证这个机构继续向前发展。

这起泄密事件伤害到乔治团队中的六名工作人员。大家的情绪都很强烈，并要求董事会成员苏珊娜参与讨论。在讨论中她实际上充当了调解员，引导着大家坦诚相待。他们全部聚集在会议室中，每个人都阐述了自己对这件事的看法。

苏珊娜聆听着他们的话，然后深深吸了口气。"尽管我在帮助你们进行这场谈话，"她认真地打量着在场的每个人，然后说，"我希望大家都能祝我成功，向我传递一些善意的想法。"

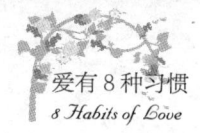

突然之间,他们比以往任何时候都更渴望坦诚相待,而这恰恰是解决这种复杂局面所需要的。我们对善意的渴求表明:做到坦诚相待,往往是不稳定的、艰巨的、需要技巧的、触动灵魂的工作。后来乔治告诉我,他们仍然在不断向前努力,试图恢复以前的那种信任。这个多元化的群体每天需要共同工作,而不是因为铺天盖地的情绪而分心或不知所措,同时,他们也都怀着坚定的心愿,希望事情能够向良性的方向发展。没有坦诚的对话和第三方非当事人的帮助来缓解紧张局势,他们更有可能会承受伤害,而不会痊愈。

在诸圣堂,十年以来,我们都在自觉地实践类似的勇敢对话。在这个方面或任何其他方面我们都绝没有达到尽善尽美,但我们的座右铭是:进步而非完美。我们再三提醒彼此,铭记这种价值观。有些时候,你可能觉得坦诚是徒然的,或者事与愿违,在这些情况下,必须记住:坦诚的习惯是一个过程,是一种生活方式,而不是终点。

发自内心的交流

有时候,在谈话的过程中,你也许无意做任何事,只想闲聊片刻,此时,坦诚能够带来意外的惊喜。一天,我和女儿坐在客厅的沙发上不停地说笑。艾丽斯是高中的新生,最近刚取下牙箍。看到她明亮而无拘无束的笑容,我感到很开心。我们闲聊了片刻,然后,她出人意料地宣称,她不会再参加教会活动了,因为这对她来说毫无意义。

第四章 坦诚的习惯

在某种程度上,我知道在成长过程中这是完全正常的,因此我没有反驳她。然而,我觉得这背后藏着什么玄机。我当然希望她继续去教堂。我试图了解其中的原委,然而毫无所获。

"它只是对我毫无意义,我不会再去了。"她重复着这句话,躲闪着我的眼睛,并将长长的金发捋到了耳后。

我尽力给她讲各种道理,但是,听着自己的话,我意识到它们都是大道理,毫无说服力。于是我停了下来。这与理性的辩论或逻辑无关,它其实涉及我是否乐意在女儿面前暴露出自己的脆弱。

"艾丽斯,"我说,"我希望你去教堂的真正原因,是因为我真心认为,如果我们周日都去教堂的话,会让我们全家在每周变得更美好。"

"但你甚至都不坐在我们身边!"她在回答时仍然很不服气,"你在讲坛上侍奉上帝,我们却坐在教堂的各个地方——我坐在我的朋友们旁边,彼得坐在他的朋友们身边,妈妈坐在合唱团中。我们根本就没有聚起来!"

借着这个机会,我意识到:坦率的习惯让女儿更乐意向我敞开心扉。"我知道,但我事实上能感觉到彼得、妈妈和你在房间里。当我看到你们时,我就获得了能量。我希望看到大家都在圣餐台周围。我真的认为,我们以深刻的方式联系了起来,只是我无法解释。"

艾丽斯没有做声。

"好吧。"她最后说。事情就这样定了。她继续每周参加教会活动。现在,她和家人都非常正常地参加每周的崇拜活动。

这个故事并不是要教导你如何让自己的孩子参加崇拜活动,

也与家庭的宗教传统无关。它讲述的是:坦诚的力量能够比恐惧更深地引领我们。我们轻率的先入之见无法建立有意义的人际关系。而至爱者利用坦诚的习惯,不仅引导我们说出自己的心里话,而且说的话并非陈词滥调,能展示出我们希望也需要和他人——尤其是我们所爱的人——联结起来的本质。坦诚需要自觉的练习,当奥利维娅等待时机跟朋友谈论尼克的行为时,她就做到了这点。坦率也需要我们在说话之前先仔细思考,看看我们所说的话是否可能源于我们自身的不安全感和未解之谜,就像西奥多拉和克拉克讨论家人共聚的时间安排时那样。

我们心中都有力量来进行勇敢的对话。勇气(courage)来自法语中表示心灵的单词——coeur。勇敢的对话其实就是用心灵沟通。即便率先坦诚相待的人没有意识到,谈话中也必然充满了很大的勇气。当我们敞开心扉,愿意坦诚以待他人时,我们就能找到这样的机会,让日常的人际关系变得丰富多彩。

如何实践坦诚

在我的人生道路上,"寻宝游戏"的意象帮助我养成了坦诚的习惯。在寻宝游戏中,你必须亲自来到某个地方,找到去下个地方的线索,然后再去该地寻找新的线索,依此类推。我曾经在朋友的生日聚会上参加了有趣的寻宝游戏。为了知道聚会在哪里举行,我们不得不去几个地方,感受每个地方暗藏着什么信息,找到线索,并再三重复这种模式,直到我们成功地来到聚会地点为止。

第四章 坦诚的习惯

　　每次重要而坦诚的谈话都给了我重要的暗示，让我意识到生活中哪些方面需要自我完善，如何实现自己的目标，如何在中途调整人生目标，如何按照计划前进。在实践坦诚的过程中，我们怎样爱护自己的亲密伴侣，也就应该同样爱护陌生人和敌人。亲密伴侣可能危及我们的婚姻或人生承诺，而陌生人、对手或敌人则会危及世界的和平。每当有人在实践坦诚的习惯时——即使在看似最平淡无奇的事情中——我们都已经为地球的和平作出了重大的贡献。这就是坦诚的重要之处：它是世界所渴望的东西，但实践它并非易事。

✧ 在准备实践坦诚的习惯时，我们需要扪心自问某些先觉性问题，"哪种人际关系让我感到如履薄冰"、"有我不想见的朋友、家人和同事吗？"这些人际关系需要我们去践行爱而非恐惧。通过以坦诚的面目展示出来的爱，这些人际关系中的每个当事人都能获得某种治疗，甚至可能完全恢复正常。

✧ 在坦诚以待其他人之前，始终要采取自己独特的形式来修习静默。记住：静默有力量带领我们面对内心的情绪起伏，来到内心的圣所，进入波涛汹涌的大海深处。在心灵的静默状态中，我们可以接触到内在真正的自我，与此同时，我们也能够觉察到他人真实的自我。在静默中，我们能够直观地分辨出我们和他人之间的存在与行为，从而避免无情地攻击、羞辱乃至于伤害他人的存在。

✧ 清醒地意识到自己的动机。你的目标是建设性的吗，能够产

生积极的变化吗?或者它们是由愤怒——权力和复仇欲——所激发出来的吗?想象你希望在事后产生哪些感受和想法,然后再想象一下,在这种充满风险的关爱之举以后,你希望彼此的人际关系变成什么样子。这种想象会鼓舞人心。当你生动地想象坦诚所带来的结果时,你往往会意识到,你必须带着爱来谈论真理,否则就可能导致可怕的后果,最终整个尝试也将是破坏性的,而不是建设性的。在坦诚以待他人之前,我会进入静默当中。然后,我会想象我期望的结果是更深入持久的人际关系,并提醒自己:我需要在存在的层面上高度尊重他人,批评时应该就事论事。这个过程赋予我很大的勇气,让我能成功地与他人对话。

✧ 找出其他人存在和行为中的可取之处。列出清单,并在静默中花些时间来欣赏这些品质。如果在肯定对方的基础之上,再对对方的行为提出批评性意见,就会让沟通容易得多。在谈话的过程中,让对方发挥你观察到的这些优点。

✧ 此外还要注意,你可能无法成功地与某些人坦诚相待,就像蕾切尔与她的母亲那样。这是人类存在的可悲现实。我们不能强迫别人坦诚,只有当你不执着于结果时,坦诚才充满了爱意。有时候,我们在实践坦诚时发现实际上需要原谅某些事。坦诚地生活需要持续不断的努力,它并非总能带来很好的结果。

✧ 在爱的所有习惯中,坦诚所面临的风险最大,因为它涉及他

第四章 坦诚的习惯

人,而我们必须尽心和这个人相处。正因为如此,我们必须谨慎地奠定沟通的基础。询问对方是否有足够的时间,是否有心情进行坦诚的沟通。如果答案是否定的,就下次再找机会。如果答案是肯定的,就温和而明确地谈论相关人事的重要性。要不吝于肯定他人的存在和行为。我常常会对霍普、朋友或同事说:"我想让你知道,我们之间的关系对我来说非常宝贵。我不想让我的任何言行伤害到我们彼此的关系,以及我们之间的生命交流。所以,你现在愿意和我讨论一下那件事吗?我觉得我可能伤害了你(或者我受到了伤害)。"在处理工作关系时,这一点也至关重要。表明彼此的配合多么重要,并询问对方是否有心情和足够的时间来进行艰难的对话,这是实践坦诚时可以利用的两个关键战略。你的努力可能存在风险,但也有可能产生非常积极的效果。

- ✧ 在沟通时,谈论它对你、他人以及相关事件的影响。通常情况下,坦诚的对话需要梳理情绪,就像西奥多拉与她的丈夫那样。想想下面这些问题:我是否恭敬地聆听了对方的话语?我们双方是否都对伤害行为负有责任?我是否知道并感受到,对方的存在和未来比这件事更重要?在理想情况下,你需要从如下三个角度来体验至爱者:自身、对方,以及彼此之间的关系。你所表达的愿望和意愿的力量非常强大,能够在现实中体现出来。但我们也必须承认,有时这些理想未必可行。要做到坦诚相待,需要耐心和坚持不懈。

- ✧ 至关重要的是:你需要给对方留出时间,来对你的话做出回

应。我始终谨记于心的是：尽管我的意图很好，但我的努力可能会事与愿违。双方的交流必须是诚实的，而不是单方面的猛烈批评。在你寻求机会坦率地表述自己的看法时，你必须体谅对方，友好地表达自己的分歧。在理想情况下，沟通中的各方都应该发言，而不被打断。接下来，让随后的谈话尽可能自然地展开，有时甚至可以暂停沟通，等到几个小时或几天后再继续进行。

✧ 充满自信并保持静默。消除戒备心理。你并不孤单，至爱者正与我们所有人同在，努力使人类家庭的历史顺服于爱的习惯。你已经深思熟虑过，而且你的意图是好的。要忠诚于那个渴望爱和被爱的自我，竭尽全力便可无怨无悔。剩下的事情都掌握在至爱者的手中。

第五章　游戏的习惯

Chapter Five The Habit of Play

你知道和紧张的人跳舞有多难吗？你必须要能"感受"到你的舞伴，才能判断接下来的舞步是怎样的。如果身体过于紧张或拘束，就不可能对舞伴的动作做出反应，更谈不上跟随音乐的节奏。同样，焦虑会让我们无法跟随生活的节奏，让我们无法接触充满爱的自我。

人之生也柔弱，其死也坚强；
草木之生也柔脆，其死也枯槁。
故坚强者死之徒，柔弱者生之徒。

——老子

你们若不回转，
变成小孩子的样式，
断不得进天国。

——耶稣（马太福音 18:3，NIV）

一次，一位高僧大德为数百名观众发表演讲，深入讨论起"慈悲"这个话题，他想到用一个相当长的故事来说明他的观点。讲完故事，他安静地坐下。我坐在人群之中，等着他总结观点，但他始终保持沉默。

他沉默了很长一段时间。

接着，大家在座位上开始变得不安分起来。然后，他扬起粗黑的双眉，笑了起来，脸上堆满了皱纹。他的笑声由大变小，最

后变成了咯咯地笑。这太有感染力了,很快人们都笑了起来。

"我忘记了自己在讲什么。"当拥挤的人群中此起彼伏的笑声渐渐消退后,他老人家最后说。

我们再次爆发出笑声。他的自我意识,以及他的乐于自嘲,向我们展示了运用幽默和谦逊,按照敞开心灵的自我,而不是按照胆怯的自我去行动,是多么的自由。我们之所以把自己太当回事,是因为我们害怕没有达到自己以及他人的期望。不良的想法开始繁殖:我怕没弄清楚,那样就会引起灾难。我怕被人误解。我怕不被重视。这位高僧大德没有害怕不被听众重视。

虽然每一种爱的习惯都需要我们认真参与。但游戏要求我们区分这种认真与致命的严肃。这种严肃会让我们以为自己所担忧的某个问题是整个宇宙中唯一迫切的问题。把自己太当回事,就会无法从创造性的角度看待问题和寻求解决问题的办法。除了让我们害怕的利害关系之外,我们会丧失对其他所有事物的兴趣。这正是胆怯的自我的本质。相反,当我们出于爱而行动,就更容易让游戏进入生活,并将受益于随之而来的无忧无虑和灵活变通。

游戏的习惯能真正改变我们大脑的化学物质,让我们得到释放,发挥我们的想象力,并尽可能地变得有创造性、有建设性和快乐。游戏及其好处是我们可以给予自己以及他人最有爱心的礼物之一。一位舞蹈老师曾经告诉她班上的学生:"舞者们,我想要你们跳舞,但不是在恐惧的驱使下跳舞。"现在,让我们通过游戏的习惯而舞蹈吧。

第五章 游戏的习惯

孩子的奇迹

当人们过于紧张，我们通常会 kid（逗弄）他们，让他们进入更愉悦的氛围。这种措辞并非偶然：当我们太严肃的时候，就需要变得更像一个孩子（kid）。游戏会唤醒我们的童真，让我们回归充满爱的自我，而快乐、精神饱满、想象力和运动就是童真的特点。当然，在这里，我们要做一个很重要的区分：童真是以游戏为导向的——指的是重新体验节奏、笑声、想象力和奇迹；幼稚则指的是无法承担责任，不能无私地超越我们自身的需求。

当耶稣说"你们若不回转，变成小孩子的样式，断不得进天国"时，他指的是童真。他使用"天国"来比喻在尘世中生活的人的一种精神和心理状态；孩子就是这个概念基本的行为榜样。孩子们拥有非凡的能力，能够游戏、想象、创造故事，并与自然、艺术和仪式建立起联系。当孩子们的思想和心灵充满想象时，充满各种可能性和无限希望的世界就展现在每个人的面前。

一个秋天的早晨，我四岁的外孙卢克和他的母亲艾丽斯坐上车，准备去幼儿园。当他妈妈给他系上座椅的安全带时，卢克扭动着身体说："妈妈，今天会是个好日子！"

"为什么，亲爱的？"艾丽斯问。

"嗯，妈妈！"他脸上洋溢着惊奇，好像发现了不同寻常的事物，"你看那些美丽的树！"

每当我想起卢克看到秋天绚烂缤纷的树木而作出的预言，就会情不自禁地笑起来，并深深地吸一口气。那天早上，游戏发生

在他身上，也同样发生在我身上。我的心情感到更加轻松，更乐于面对每天的各种可能性。童真和幼稚之间的区别在于，童真为每个人带来了游戏的空间："妈妈，今天会是个好日子。"

相反，当我们的行为很幼稚时，我们只会察觉到自身的顾虑和观点的狭隘。我曾经参加过诸圣堂为庆祝主教年度来访而举办的教会聚餐。那天晚上，我感到恶心而头晕，怀疑自己得了流感。虽然知道自己需要卧床养病，但我还是来到拥挤的餐厅欢迎主教的到来，然后抱歉地提前离席回家。在接下来的一周中，我接到教友史蒂芬的来信，信是用公文格式打印的。他宣布他将离开教会，因为"很明显，你根本不关心我"。

由于匆匆离开，我得罪了史蒂芬。他将我的行为视作轻慢之举，感到很沮丧，并因此离开了教堂。我给他回了个便条，从我的角度来解释这件事，并尽量亲切地告诉他，我随时欢迎他回来。三年以后，他回来了，现在他从不错过任何主日聚会。每次我遇见他时，我就会设法和他开玩笑，让他的心境变得不再那么幼稚，而是更加充满童真。

通过游戏，我们变得更有创意，感到神清气爽，而不会沉闷呆板，其他人能更轻松地接近我们，我们的观点也变得更加深刻。通常情况下，让我们内心的小孩自由活动是我们对抗严峻现实的强大手段。当我将"游戏"融入自己的生活时，我就能更好地帮助他人。我就能更独立、更富创造性地解决问题和思考。游戏让我的生活充满了卢克那种孩子般的乐观和宽宏大量。它开启了我的心灵和智慧。

第五章　游戏的习惯

将绳子放松

游戏的习惯让我们得以远离经常啃噬着我们的焦虑，这种焦虑让我们疲惫不堪，甚至可能诱使我们因为恐惧而做出错误的决定。我的导师艾德·弗里德曼拉比经常用钓鱼的比喻来形容生活、家庭和机构中竞争力量的相互影响。善于钓鱼的人总是确保钓鱼线留有"余头"。如果线太紧了，就很难判断是否有鱼咬钩。如果留有余线，有鱼咬钩的时候，你就能立即感觉到并作出恰当的反应。

弗里德曼最喜欢讲他儿子的一个故事，这个故事完美地表明了这点。他儿子十几岁的时候，有一次开车时发生了轻微的追尾事故。他的车撞上了前面一个去上班的女士的车。没有人受伤；尽管这是他儿子面对的首起交通事故，他还是被传唤到交通法庭。

当父亲和儿子赶到法院时，那个女司机在房间里走来走去，脸涨得通红；她恨不得把书砸在男孩身上。随着律师来回辩论，弗里德曼拉比开始感觉到，法官和律师都受到了原告越来越强烈的激愤情绪的影响。他真实地感觉到，法官坐席的周围形成了一种焦虑的力场。焦虑和恐惧能够形成自己的力场，并让人可以真切地感觉到。随着恐惧的程度不断升级，拉比意识到，自己也变得越来越紧张，恐惧让他丧失了冷静。他的心跳开始加快，并开始出汗；他变得越来越愤怒。儿子用哀求的眼神看着他。所有事情似乎都开始失控。越来越强的恐慌传染和影响着每个人。

弗里德曼决定离开人群，走到法庭的后面，摆脱原告无意中形成的焦虑之网。摆脱掉焦虑感以后，他逐渐觉得自己能够重新集中心神，游戏的习惯开始光照着他。

当他回到法官面前,法官问他,作为父亲,他认为怎样处罚合适。

"终身监禁。"他嘴角挂着微笑回答说,"开车撞上这位女士——显然是一个年轻人能够犯下的最严重的罪行。"

法官与律师笑了起来。原告的脸色也明显变得柔和了,她笑了起来。大家重新变得冷静。最终,问题得到了解决,没有诉诸任何极端措施,每个人都回家了。

通过实践游戏的习惯,拉比帮助大家悬崖勒马,避免了过度严厉地惩罚一个年轻人。恐惧往往会侵袭我们的身体,让我们的情绪变得紧张。你知道和紧张的人跳舞有多难吗?你必须要能"感受"到你的舞伴,才能判断接下来的舞步是怎样的。如果身体过于紧张或拘束,就不可能对舞伴的动作做出反应,更谈不上跟随音乐的节奏。同样,焦虑会让我们无法跟随生活的节奏,让我们无法接触充满爱的自我。游戏的童真本质可以帮助我们与内心的圣所建立联系,避免我们出于恐惧而做出糟糕的决定。

艾德·弗里德曼始终保持着颠覆性的"滑稽"气质,总是"抖弄"着他的钓鱼线。他的天职就是为家庭或机构成员鼓劲加油,让他们变得越来越健康。当然,如果自己过于紧张或严肃,太容易受到慢性焦虑的侵扰,他就无法辨别或激发他人身上的这种能量。充满恐惧的自我让我们对周围的人感觉迟钝;在不知不觉中变得以自我为中心。在我认识他的那些年里,弗里德曼总是再三提醒我重视游戏所具有的治愈能力,此外,游戏也能神奇地弥合我们之间的鸿沟。

第五章　游戏的习惯

当游戏融入我们的所有活动中

　　实践游戏的习惯并不是我们只有在"业余时间"才从事的无聊活动。它对教会、公司或国会都具有重要的益处，并能让我们充分享受生活，因而并不是无关紧要的。

　　我们只需要看看当今最有创造力和最成功的公司，就能意识到：在生活的各个领域都有必要接纳游戏的精神。随着技术的兴起，特别是互联网和个人电脑的出现，人们形成了这种观念：在工作中积极推动创造力和想象力，往往是取得更大商业成功以及提高员工满意度的关键所在。于是雇主们开始鼓励游戏的精神。

　　在商业界的某些行业，游戏精神在实现创造性生产目标时明显发挥着重要的作用。我至今记得首次看见新兴互联网企业"谷歌"在加州山景城办公室图片时的情景。公共区域设有乒乓球桌，办公室墙壁被涂成了波浪形的明亮色彩。很快，其他的新兴公司也纷纷效仿谷歌，将"游戏"融入他们的工作环境和工作日当中。在甲骨文公司旧金山总部外面，经常能看到团队成员在举行激烈的沙滩排球赛。在波士顿市中心的一个小公司，公司的同事们会整天聚会庆祝红袜队获胜或庆祝生日。电玩游戏和飞镖游戏也被引入了餐饮区。在线零售商 Zappos 公司则鼓励员工在位于拉斯维加斯南部的公司总部举办化妆舞会和游行。

　　当我们将"游戏"引入生活的各个领域，我们就摆脱了恐惧的本性，让充满爱的自我重新与世界、与激发想象力和创造力的大脑联系起来。它让我们成为更好的员工、雇主、朋友、伙伴和家长。研究表明，当我们所在的机构或家庭处于恐惧或焦虑之中时，我们很难成为有力支持员工的领导者。我们可以看到，在现

代的政治文化中,当恐惧迫使人们远离游戏精神时,这种情况就发生了。美国的政治体制消磨着领导人的斗志,他们富有远见的思维总是被持续不断的、可预见的党派反应所颠覆,得不到深思熟虑的回应。我们只要看看每年八月,那些充满激情的辩论讨论美国总统是否应该去度假时就可以知道。通常情况下,吵得最凶的是反对党,他们的个人兴趣就在于让反对党领袖无法发挥力量。当华盛顿乃至更广阔的世界充满焦虑和权力斗争时,自然会出现这种情景。

与有些人的理解相反,游戏不会让我们偏离责任或者模糊我们的最终目标。它不是幼稚或不负责任的借口。相反,游戏的习惯体现了我们每个人心中的人性和创造性,鼓励我们更深入地探索和挖掘,让我们变得更加坚韧,不再以自我为中心。它帮助我们找到不同寻常的——乃至于冒险的——方法,来解决难以应付的问题。

摆脱恐惧和疾病的羁绊

游戏精神不仅有助于缓解紧张的局势、打开心扉,恢复更高级大脑功能的血液供应,还能让我们在日后的生命历程中获得更大的成功,变得更加健康。我的朋友斯图亚特讲述了他女儿在七八岁时"卖艺"的故事。广义的"卖艺"是指:在大街上演奏音乐赚钱。父女俩学会了甲壳虫乐队一整张专辑上的歌曲,然后在公园和街角演唱,父亲弹吉他,女儿唱歌。

"有些爸爸会带着孩子钓鱼。"他的妻子耸耸肩,微笑着解释道。

有时候，他们开车去即兴演出地点的时候，斯图亚特和女儿会感到紧张或焦虑。其中一个人会问："我们为什么还要这样做？"

"为了面对我们的恐惧！"另一个人会回答说。

在陌生的路人面前支起乐器的经历，帮助斯图亚特的女儿完成了其他类似的事情，在做这些事情时，她需要面对未知的世界，并不知道接下来究竟会发生什么。在不确定的世界中，游戏可以帮助我们找到承担风险的勇气。它帮助我们承受失望和痛苦，甚至让我们在面对压力时变得更加坚韧，否则，这些压力会对我们的身心健康产生深刻的影响。

无论从专业还是个人经历而言，埃斯特·斯滕伯格博士都对焦虑的磁场有着深刻的了解。她已经成为国际公认的身心整合研究的领军人物。在其职业生涯早期，她的母亲死于癌症，她经常需要从马里兰州飞到蒙特利尔市，然后再返回。频繁旅行的压力加上悲伤，让她患上了炎症性关节炎。

她身心俱疲，爱玩的天性被悲伤和疲惫彻底葬送了。作为科学家，尽管她知道遗传基因对于生病起着重要的作用，但她也明白，疾病之所以在某个特定时刻发作，往往更多源于恐惧和焦虑，而不是命运中某个单纯的意外事件。"我认为这是毫无疑问的，有证据支持这种观点。"她写道，"长期压力可能引发这类过度劳累性疾病。"

直到她去了希腊的克里特岛，并参观了希腊医神阿斯克勒庇俄斯的古庙，她的情况才出现了转机。望着阳光下晃动的风景和遗址，她终于明白：除非找到恢复灵性的方法，否则她无法变得完整和健康。"我们的轿车每行驶五万英里，就会送去保养，但

我们对自己却不这样。"她写道,"无论以何种方式,也无论时间长短,让身心放松下来很有益处。"

我们很多人有过类似的经历,让我们从中意识到头脑和身体的联系有多密切。我认识一个年轻人名叫哈罗德,他的妻子几年前产下了一对双胞胎男孩。哈罗德是个外汇交易员,长时间坐在电脑前。他和妻子吉尔是在大学打网球时遇见的,有了孩子以后,他们再也没有太多空闲时间打网球了。当双胞胎六个月大的时候,哈罗德的颈部和背部上方开始疼痛。而且他发现,即使他疲惫不堪,只要夜里被儿子吵醒便再也无法入睡。他的心情变得很糟糕,同事们也开始在工作中躲着他。虽然吉尔自己也需要时间休养,但她看出哈罗德的身体承受着巨大的痛苦,便劝他去看医生。

由于背部的疼痛影响了工作能力,最终哈罗德同意定期去见物理治疗师。治疗师经常和他聊天,并对他在高校打网球的经历产生了兴趣。

"我再也没时间打网球了。"哈罗德抱怨说。

治疗师笑了,边笑边用大拇指按捏病人的肌腱。他建议哈罗德改打羽毛球。

哈罗德在向我解释这个简单的天才想法时,表情变得兴奋起来。"我没有体力再参加比赛,"他说,"但他说得对,我需要休息,可以和吉尔做些好玩的体能运动。"他买了很小的羽毛球网和塑料羽毛球。接下来的周末,他们开始在公园里打羽毛球,孩子们则隔着可移动的围栏观看。他们不关心打球的输赢,大部分时间都在漫无目的地跑动,互相嬉笑着。

"这正是医生要求的。"哈罗德说,"当然,背痛缓和了很多。"

第五章　游戏的习惯

当斯滕伯格博士和哈罗德在精神上变得更加放松，陶醉在游戏的乐趣之中时，他们的情绪和身体开始恢复健康。哈罗德与吉尔的关系也有了明显的改善，因为他拥有了更多的耐心和同情。同样，当斯图亚特和女儿战胜恐惧并在陌生人面前表演时，他们就增强了应对未来的潜在困境的能力。游戏的习惯能够让我们通过无数深刻的方式回归自我。

打开创意之门

当我们被捆绑得太紧，每件事似乎都会变成苦差。我们的身体变得虚弱，头脑变得混乱不堪，无法做出正确的决定；我们的想象力也会枯竭。如果将游戏融入我们的生活，则会扭转这种情况：我们的身体会痊愈，思维也会重新活跃起来。一月份的一个早晨，我在咖啡店排队，脑子里盘算着当天要做的事情。至少可以这样说，我当时缺乏游戏的精神。我低着头，没有注意到身边的人，相信他们也不会过多地注意我。队伍移动得很慢，这让我很是窝火。我确信，所有人都不可能像我这样被工作压得喘不过气来。

然后，扬声器里传来摩城歌曲的前奏，我十几岁的时候曾经伴着这首歌跳舞。令人无法抗拒的节拍立刻在拥挤的商店传播开来。所有事都改变了：无疑我变得兴奋起来，仿佛熊熊大火正在我的脑海中燃烧。我开始不由自主地晃动身体，随着我的舞动，每块肌肉的动作都变得流畅起来。当下的强烈快感驱散了我当天的全部担忧。我问带有文身的店员，店里是否有这首歌的CD出售。

"没有。我们只喜欢马文·盖伊①。"他咧开嘴笑着说。

我付了钱,在咖啡馆里流连忘返,直到歌曲结束才回到车上。这首歌在我脑海里回放了很多遍。我的精神点唱机仍然可以点播这首歌,这让我的心灵瞬间微笑起来,身体也变得轻灵起来。

这首歌名叫《顽固的人》,是马文·盖伊在经历三次单曲失败后于1962年录制的首支破纪录的歌曲。由于这首歌那天始终萦绕在我心头,我开始思考,除了咖啡专卖店那个转瞬即逝的时光以外,还有很多东西能够让我撇下当务之急,转入游戏的精神当中。一个稚气的念头开始在我的脑海里产生:我敢在下周日的礼拜活动中做些努力,让人们也体验到我那天早上在咖啡店里品尝到的乐趣吗?

次日早晨,当我在静默中考虑布道的事情时,我开始想象整个仪式的各种要素可以承担起怎样的创造性作用。接下来的那个周日,我们要为孩子们施洗。我能将游戏的精神引入这种一贯过于庄严的仪式中去吗?其他人会从这样的经历中受益吗?我逐渐意识到,教堂里有太多可以引入游戏的地方,但都被我忽略了,我决定利用起来。

那个星期天,我邀请教堂里的所有人站起来,告诉他们,如果他们非常感动的话,他们可以跳舞,同时提醒他们,每个人拥有的爱都来自"顽固的爱人"(如歌中所唱的)——用我自己的话说,就是来自"至爱者"。所有人都站了起来,当父母们带着孩子们来受洗的时候,除了几个人僵硬地站在那里以外,其他人

---

① 马文·盖伊(Marvin Gaye,1939~1984),美国摩城唱片著名歌手、曲作家,有"摩城王子"之称。发表过《What's Going On》等专辑。

都开始晃动身体，拍着双手。有几次，当我们通过扬声器播放着"马撒和范德拉斯"[①]伴唱的马文·盖伊唱片时，教友们竟然站在原地或在过道里跳起舞来。

> 我会爱你（会以各种方式爱你），
> 以各种方式（会以各种方式爱你）。
> 哦！我会爱你（会以各种方式爱你），
> 以各种方式爱你……

我跳着舞从讲坛来到洗礼盆前，主持了我生命中一次最快乐也最有趣的洗礼。在游戏精神的鼓舞下，我通过音乐的力量，得以建立起富有意义的新颖纽带——若非如此，我肯定会错过它——然后我可以与他人分享这种灵感，让所有人受益无穷。这是"至爱者"的力量在我们心中发生的作用。

当无法游戏时

对于某些人来说，拥有"游戏"的精神异常艰难。看看我们周围，有时候我们似乎置身于太多的痛苦、贫困、疾病和破坏之中，无法让自己放松下来。我们看到，某些政治制度似乎已经瘫痪，金融结构也腐败不堪。也许我们经历过失败，或者担心未来

[①] 马撒和范德拉斯（Martha and the Vandellas），是与摩城签约的女声三重唱组的名字。

遇到失败。或许，我们都是严肃的人，难以做到无忧无虑。或许我们痛失了至爱的亲友，还不能走出悲伤和孤独的阴影。但是，如果我们重新与童真的游戏精神建立起联系，战胜每时每刻如老虎钳般死死攥住我们的冲动，我们就会发现，自己的生活在许多方面都会变得更加充实。

当我们无法游戏时，我们就会不经意地在自己和同事或亲人间树立屏障。肖恩是我朋友最年幼的弟弟，在长达三十多年的时间里，他始终是个环保主义者。当环保运动还没有获得普通民众的任何关注时，他就已经是环保主义者了。多年以来，他并不觉得人类在进步，相反他认为人类正在自我毁灭。有时候他整天都不苟言笑，从未想过要看有趣的电影、下棋，或稍稍和朋友开些玩笑。他勤奋地在小农场上耕作，养鸡，在花园里种植可以食用的植物，并收集雨水来灌溉农田，以此养活自己和全家。在他看来，游戏毫无意义，既不实际又浪费时间，而且否认了我们生活在其中的现实。肖恩不愿意发挥游戏的精神——我不确定他是不能还是不愿意这样做——这妨碍了他事业上的成功。别人觉得他难以相处，认为他是个自以为无所不知的人。他变得越来越孤立。

五年前，肖恩和女朋友生了一个女孩，取名叫塔比莎。最初随之而来的责任让他感到不知所措，但随着宝宝的童真精神融入这个家庭，肖恩也不可避免地被引向光明。他比以往任何时候都累，但比以往任何时候都笑得更多。他的心敞开了，开始接纳那些"糊涂"的喜悦。谁能看着自己挚爱的宝宝的滑稽动作，而不去感激让心灵感受到生命的无数微小奇迹的日常生活呢？

只有人类才会焦虑于那些让我们感到失望或惆怅的事情。这些沉重的感情表明，我们深深关注着周围世界中发生的事情，这使我们成为更广阔的人类大家庭的成员。游戏的习惯所养成的柔韧和柔软，与全部的人类情感是完全相容的。我想起了自己在咖啡店的经历，以及音乐如何让我打起精神，进入那个远离自我关注和焦虑的世界。当我们克服了对游戏精神的抗拒心理——这是我们保持认真和自我沉迷的本能——时，我们就能以真正肯定生命的方式，将充满爱的自我与他人联系起来。这有助于我们面对愤怒、悲伤和恐惧，而不否认它们是真实的存在。

通过游戏，我们学会了耐心和主动关注别人。希望和光明会反射回来。我们必须相信，其实我们从来都不孤单，如果能够让他人共同实践游戏的习惯，我们就会记住这个简单的道理。

转化悲伤的时刻

在结束本章以前，我必须再讲一个关于我的挚友弗里德曼拉比的故事。在我与他共事的许多年里，他天生的游戏精神和包容、好奇的本性，对我影响非常大。

一个周五的上午，我办公室的电话响了。电话是我的朋友打来的，他告诉我艾德·弗里德曼心脏病发作去世了。

我流着泪瘫坐在地板上。一种比我更强大的东西击中了我，我名副其实地被"悲痛击中"了。就像同事说得那样，"这就像坐在高速行驶的汽车里，挡风玻璃却突然被拆掉了"。我被这个消息惊呆了。

葬礼的头一天，我在傍晚时来到马里兰州的贝塞斯达市。在酒店打开行李时，我发现有个重要的东西不见了。我在匆忙中忘

了带礼服鞋,身边仅有的鞋子是我在飞机上穿的跑鞋。

我尽量保持冷静,叫上出租车,直奔最近的男装店。商店离打烊还有十分钟。我气喘吁吁,终于松了一口气。我问身边最近的店员,有没有我能穿的礼服鞋。

"很抱歉,"她同情地看着我说,"我们商店不再卖鞋子。"

我无法在打烊之前赶到第二家商店。我感到阵脚大乱,近乎恐慌地打电话给联系人苏珊·鲁夫,他是弗里德曼所在系的教员。

我简单地介绍一下苏珊:十年以来,她推动小组聚会,我们会在聚会上反思各自在家庭和其他系统中的焦虑程度。这是我师从弗里德曼拉比时从事的部分研究工作。在这十年中,苏珊幽默地帮助我踏上了自我发现之旅。那个晚上也不例外。

"苏珊,我明天没有礼服鞋!"她刚接电话,我便脱口而出。

"怎么了?"苏珊问。

"收拾行李时我忘记带了。我赶到店里……"我滔滔不绝地说着,喉咙感到更难受了,声音也越来越高,语气越来越绝望。

然后,我听到那边有笑声。

"苏珊!"我对着电话大叫,而此时,商店的门在我背后锁上了,"你还在笑!"

夜幕已经降临。我独自一人站在街灯下。弗里德曼去世了,我心智的挡风玻璃不见了。当时我感到如此紧张,似乎在所有问题中,最重要的就是我第二天没有礼服鞋穿。尽管我深刻地了解慢性焦虑对人们的伤害,此刻却当事者迷,可怜兮兮。我完全六神无主了。

与此同时,我对苏珊的笑声感到大为恼火,就这样,神秘而幽默的喜悦感从悲伤的帷幕后偷偷溜走了。突然——就是钦定版

《圣经》所说的"转眼之间"（哥林多前书 15:52）——我开始看清发生了什么事：我让自己变得异常焦虑，从而用幼稚且以自我为中心的视觉去看待当时的局面。

苏珊笑得更起劲了。她并不残酷无情；从她的每次笑声中，我都听出了这样的信息：可以让真正的艾德·培根来处理这件事情吗？

"嗯，我猜你得穿着跑鞋致悼词了。"她最后说。然后她沉默了很久，接着说："另外，还有人会穿着跑鞋。"

然后她沉默了更久，期间夹杂着抑制不住的笑声。"顺便告诉你，我们决定在安葬艾德时给他穿上跑鞋。"

艾德·弗里德曼虽然不是个蓬头垢面的人，但任何人也不会认为他的穿着最讲究。我师从他时，拉比到我担任院长的大教堂来过两次，彻夜指导我。这两次他都只带着公文包，里面塞着干净的内衣、洗浴用品和第二天要穿的干净衬衫。他嫌麻烦，不愿收拾或携带行李箱。无论教学还是散步，他脚上总是穿着结实而有些磨损的跑鞋。他的家人和协办葬礼的苏珊决定给他穿上那种标志性的跑鞋，认为这再合适不过了。

我察觉到苏珊无声传达出的"不要担忧"的讯息，重新恢复了常态，并体悟到那个可敬的导师的精神，也开始笑了起来。我想起了游戏对艾德·弗里德曼的重要意义，苏珊则通过笑声，帮我发掘自身的游戏精神。第二天早上，我起床后，系上 Brooks Brothers 的领带，穿戴上灰色法兰绒西装和绿白相间的旧跑鞋，前去参加葬礼。我大步走上讲台，讲述了我为礼服鞋慌乱不堪的故事。我详细讲述了我如何赶到店里，如何朝着苏珊大呼小叫，以及她如何嘲笑我，和我恢复理智的过程，并发现葬礼上只有艾

德和我穿着跑鞋。我至今保存着这双跑鞋,将它作为游戏精神的法宝。

艾德·弗里德曼的葬礼充满了人们对他的深切回忆,也夹杂着大量的幽默。与之类似,耶稣的每个比喻都以欢聚而结束。每个迷失自我的人又重新找到了自己的道路。许多故事都经历了感人而痛苦的时光。焦虑和阴影之地决不会消失。但最终,故事里最强大的力量是爱。

爱总会获胜。我们可以将它视为生命的赌注。游戏有助于我们触及爱的本质,这样我们就能减轻自身的负担,主动与他人建立重要的联系。

如何实践游戏

实践游戏习惯的能力让我们富有朝气,心灵充实而开放。它不仅不会影响我们的形象,反而会提升我们的形象。想想老师是如何用幽默和智慧来吸引坐立不安的学生的。嘲笑自身愚蠢错误的政治家反而更有人情味。家长们恰如其分的幽默可以缓和紧张局势,让叛逆的孩子迅速改变立场。

然而,游戏对某些人来说是非常复杂的事情。什么时候适合游戏,什么时候不适合游戏,情况不总是那么显而易见的。然而一个不争的事实是:游戏精神能够帮我们摆脱成见,平衡方方面面的因素,以更真实、更有益的角度来看待世界。通过游戏,我们传达出这样的信息:我是人,也会犯错误,我们都在同舟共济。

最重要的是，游戏会让我们的内心释放出创造性力量，否则，这种创造性力量就会受到责任和自我中心的抑制。如果我们不能宽容错误或看到生活的荒谬性，就会变得拘束而紧张。游戏帮助我们以恰当的距离来观察生活自身所产生的焦虑，但并不认同它，同时，它也让我们记起与生俱来的创造力以及处于自我核心之中的爱。

✧ 以学习者的心态来面对生活（"静默的习惯"一章介绍的做法），就能更自然地实践游戏的精神。当我们具有学习者的心态时，尽管我们仍然会有恐惧，但我们不会变成恐惧本身。我们会犯错误，但我们并不是错误本身。在目睹了那位高僧大德自嘲的笑声之后，我在公开讲话时也发生了转变。路易·巴斯德说过："机会垂青于有准备的头脑。"但对于因为害怕失败而滋生出的紧张氛围，大脑也会做出相应的反应。如今，当我准备布道的时候，我会以学习者的心态讲出我所知道的东西，并愿意在布道期间和之后，反思我的反应。无论做什么事，都要留出足够的空隙来从体验中学习。

✧ 留意并尊重身体所传达的讯息。实践这种习惯以及所有爱的习惯时，必须要知道你身上的恐惧与爱的力量对比。回忆自己年幼和成年后的某些充满童真的时刻。试着回想在那种时刻你的身体有什么感受。当身体感到紧张的时候，就表明那个恐惧的自我昂起了丑陋的头颅。紧张的人除了"老样子，老样子"之外，无法想象到任何东西。让自己放松身心，各种想法和能量就会源源不断地涌现出来。怀着游戏的心态

时，你很可能会想到对策，来解决看似棘手的问题。

✧ 当陌生的工作或社交场合让你感到紧张时，可能很难分辨什么时候适合游戏或知道如何游戏。我的建议是，如果你感到肌肉绷得紧紧的，就必须考虑融入游戏的元素，让自己放松心情。此时要专注于自己，而不是他人；例如，你可以在深呼吸以后自嘲一番。不要开他人的玩笑或讲别人的八卦，因为很难保证他们是否也有好心情来理解你的幽默。但如果你能拿自己开涮，就能在幽默的同时避免冒犯别人。

✧ 可以而且应该练习游戏的精神，当然这似乎有悖于常理。菲利斯·迪勒曾经来到诸圣堂，在成人教育时段发表过讲话。在讲座的三十分钟里，她让我们乐不可支，接着她开始回答问题。教会里一个比较严肃的成员说："我从来都不苟言笑，从来没有讲过任何成功的笑话。你有什么建议？"迪勒小姐本来可以不用回答这个问题以及提问的人，但她没有。我感到很惊讶。她知道这个问题有多么重要。"如果无法让你大笑的话，买本笑话书。找些能够让你微笑的笑话，"她建议，"学一到两个笑话，下次在社交场合中讲出来。体验一下让自己和别人开怀大笑的感受有多美妙。这非常重要。"伟大的喜剧演员都知道，必须练习游戏的习惯。

✧ 花时间与孩子相处，在这个过程中，观察他们并向他们学习，而不是教导他们。如果孩子们未能将你带进他们的游戏生活，问些简单的问题，你可能因此进入他们想象中的世

第五章　游戏的习惯

界。你可以问："你知道那匹马在想什么吗？如果云会说话，那些云会对我们说什么？那些星星和月亮在谈论什么？"任何激发想象力的问题都是游戏。毕竟，玩游戏本身不就是我们所说的"游戏"心态吗？

✦ 在犯下错误的时候，幽默地承认它。没有人可以完美到任何时候都不犯错误的地步。在我说了错话需要纠正的时候，我最喜欢利用游戏。例如，最近我在一个会议上很果断地说："我们从来没有在员工会议上讨论过这个问题。"一位青年牧师刚好有11月4日的会议记录，他回答说："记录显示我们的确讨论过这个问题，而且当时你在场。"我歪着嘴笑了，立即说："如我所说，我们在11月4日的会议上深入探讨过这个问题。"大家都笑了，然后会议继续进行。重要的是，当你谦逊或幽默地接受自己的错误时，人们就会知道：你也是个人，和他们没有两样。

✦ 想想可以通过哪些方法将游戏引入工作之中。可以建议在食堂玩飞镖吗？组织团队成员晚上出去玩？组织后勤人员参加保龄球比赛？让所有员工晚上去唱卡拉OK？如果你能设法和团队成员共同欢笑，彼此接纳，你们的日常交往就会充满更多的喜悦和创造力。

✦ 如果你属于严肃型的人，想想你的生活或想象中的这种类型的人：能够很好地保持平衡，务实而目标明确，同时又能找些乐子来让自己精神焕发。当你感到太紧张的时候，哪些诙

谐的朋友能够把你约出去玩,让你身心放松?有意识地多花些时间和诙谐的朋友共处。

第六章　宽恕的习惯

Chapter Six The Habit of Forgiveness

宽恕的习惯更多涉及受难者，而不是引起痛苦的人、事或情况。我们常常很难接受宽恕的概念，因为我们相信：冒犯我们的人才是问题的根源。我们怎能原谅肇事逃跑的司机、虐待我们的配偶，或疏忽的外科医生呢？宽恕的习惯给予我们的礼物就是：它避免让施害者的罪遮盖了受害者的自由和权力。最终，宽恕更多涉及受害者的痊愈和自由，而不是施害者。

我就像电线上的鸟儿

就像午夜唱诗班里的醉汉

试着以自己的方式来寻找自由

我就像鱼钩上的虫饵

就像古书上谦卑的骑士

我已经为你准备了所有的丝带

如果我曾经行过恶事

但愿你能释怀

如果我曾经有过不忠

但愿你知道我从未对你如此

——里奥纳德·科恩[①]

---

① 里奥纳德·科恩（Leonard Cohen，1934~），加拿大著名小说家、诗人、创作歌手，著有《让我们比较神话》、《钟爱的游戏》等书。

爱有8种习惯
8 Habits of Love

南非的种族隔离统治结束以后，曼德拉就任非种族主义的新南非共和国总统。不久，他建立了真相与和解委员会，希望揭露那段血腥岁月里冲突双方所犯下的滔天罪行。

规则很简单：如果你向受害人坦白和忏悔自己所犯下的罪行，就不会受到惩罚。这样做的基本理念是：这个脆弱的新国家能否走向最终的自由和平等，取决于南非的过去多大程度上会在真相与和解的光明与香膏①中受到治疗。宽恕坦诚真相的人才是唯一的出路。大主教德斯蒙德·图图是这个委员会的标志性人物。他在书中说，没有宽恕，就没有未来。

一天，有个年老的黑人妇女来到了委员会。她要见白人警察凡·德·布洛克先生，后者曾在几年前折磨并杀害了她的儿子和丈夫。他罪大恶极，甚至强迫这个女人观看他对她的儿子和丈夫所犯下的滔天罪行。她听到丈夫在临死前说的最后一句话是："父啊，赦免他们。"②

"你认为，应该怎样处罚这个残忍杀害你的家人并给你带来巨大痛苦的人才算公正？"委员会的成员问。

她说，想让凡·德·布洛克到烧毁她丈夫尸体的地方去搜集骨灰，以便她能体面地安葬自己的丈夫。这个昔日的警察低着头，点头表示同意。老妇人停顿了片刻，让自己镇定下来，接着说："凡·德·布洛克先生杀死了我所有的家人，但我还想深深地去爱世界。我想让他每个月到贫民窟来两次，和我待一天，这样我就可以将母爱给予他。"

---

① 香膏（balm），犹太教举行圣礼所必备的物品，在《新约》中也屡次出现，涂抹香膏意味着接受祝福和恩典。

② 这是耶稣在十字架上受刑时说的一句话。

此外她还有个心愿。"我想让凡·德·布洛克先生知道,上帝宽恕他,我也宽恕他。"她让人将她带到他的对面,"我想拥抱他,这样他就知道我真心宽恕了他。"

当凡·德·布洛克听到这些话时,他昏了过去。

聚集在听证室的朋友、家人和邻居——所有曾经受到镇压和歧视的人——开始唱赞美诗《奇异恩典》。

这个故事总会让我深深吸一口气,凝思片刻。很难想象这样的宽恕,但是,遭受重创的个人或国家始终能够做出这样的抉择。这个了不起的母亲是人类的典范,当她说希望这个肇事者成为她的儿子,让她可以将剩余的爱倾注到他身上时,她就在宽恕和充满爱的自我和人生渴望之间建立了本能的联系。

对于那些伤痕累累的人来说,这种选择可能显得离谱或完全不现实。但为了营造内心的自由和外界的和平与正义,我们必须养成宽恕的习惯。

正能量的流淌

要实践宽恕的习惯,唯一需要的就是:让自己及对手变得完整的真诚愿望。当然,有时候我们无法做到这点。但我们会看到,当我们真正地向宽恕的力量敞开心扉时,我们就变得自由了。

当我们经历宽恕时,就仿佛有爱的强大能量被释放出来,穿透我们全身。在我们实现宽恕之前,尽管这种能量很强大,但也可能迎头遇到痛击——那些现实或想象中的伤害。这种能量会变成痛苦、悲伤和混乱,纠缠着我们的身心。但当我们能够原谅的

时候，淤塞物便会融化，生命之河又可以重新在这些地方流淌。这种能量变成了爱、光明和清醒，我们的灵魂就好像从囚禁中解脱了出来。

当我处在最深的静默中，与爱与被爱的自我联系得最紧密时，我便体验到了类似的感受。在放下恩怨和痛苦之前，我们会感到紧张、不安、愤怒、困扰和伤害。我们被囚禁在自己建造的牢狱之中，感到与亲人疏离开来，与生命之流也疏离开来，而最重要的是，我们感到与自我疏离开来。我们可能陷入自我恐惧之中，这可能源于我们自身的个人选择，也可能源于我们所处家庭、机构和文化中的充满恐惧的情感力量。无论我们为何陷入这种境地，让人沉溺其中的恐惧之力会改变我们的情绪、呼吸、大脑运转，以及认识生活的能力。

与此同时，通过宽恕体验到爱，我们就可以与家人、朋友和同事同在，并拥有清醒的头脑和清新的空气。它能激发我们的想象力，并寻找对策。它是窒息之后的氧气，是苦涩泪水之后的清醒认识。

到目前为止，我们在本书的每章中都能看到，爱的习惯可以促使爱流入我们的灵魂以及世界大家庭的灵魂之中，让我们摆脱充满恐惧的自我，进入充满爱的自我。通过宽恕的习惯，我们会面对人生旅程中极其艰巨的事情：在经历重大的伤痛以后，回归自由、完整、心灵开放的自我。现在，我们来关注那些让我们遭受蔑视、羞辱、不公、暴力或威胁的时刻。这些伤害让我们的内心感到恐惧，害怕不公得不到纠正。这种伤害扎根于我们的内心，成为痛苦、愤怒和怨恨的根源，它呈指数级增长，让我们陷溺于充满恐惧的自我之中。这种生活会让我们心力交瘁，让我们

第六章　宽恕的习惯

遭受的痛苦在心中持续下去，让我们感到更加苦恼。许多不同的经历都能导致这种恐惧在我们心里生根发芽，这包括：轻视、伤害、袭击、虐待甚至极其邪恶的不公。

无论一个人曾经承受过哪些侵犯，根本的问题在于：我们是继续停留在过去，还是利用宽恕的力量来继续生活，走向自由和爱。我们陷溺得越深，就越可能诱使他人也陷入留存在我们心里的伤害之中——至爱者希望我们是条河，而不是个死潭。

变得完整

我在从事教牧工作时，曾经因为受到冒犯而愤怒不已，恨不得去杀人。如今我非常嫌恶自己昔日对某个人的蔑视态度。虽然冒犯不轻，但也不是灾难性的——现在冒犯本身似乎也无关紧要了。当时，可悲的是我无法放下痛苦。我从经验中学习到，只有通过宽恕的习惯，才能不再永无休止地清算旧账。如果我们无法宽恕他人，就会处在"冤冤相报何时了"的恶性循环之中。无论就工作、家庭而言，还是就地区、国家或全球而言，这都是正确的。

陷入无法宽恕的模式之中会给我们带来大劫难。每次想到这个人，我就感到怨气冲天，怒火中烧。几个星期之后，我才知道，我每天将大部分时间都消耗在报复的欲望上。我逐渐成了令自己讨厌的人，这开始困扰着我。我将相当多的能量都消耗在不值得我关注的人身上，因而丧失了活力。另外，在处理婚姻、家庭和工作等问题时，我变得越来越不成熟。挥之不去的怨恨情绪

毒害着我的生活和婚姻。

接着发生了具有转折性的事情。一次，当我独自穿过洛杉矶市中心的交叉路口时，我憎恶的那个人正好开车经过那里。就在这个瞬间，我突然觉察到自己变成了什么样子：沉浸在自怜和愤怒之中的人。与此同时，我产生了一个非常强烈的想法："我不要再耗费时间来思量这个人，只有通过宽恕才能让自己获得自由。"

那天晚上，当我在静默中去回想白天发生的事情时，我知道自己准备抛弃反感。我真心希望自己在今后的生活中，不再沉溺于对那个伤害者的怨恨之中。现在，在生活的各个方面始终指引着我的各种爱的习惯开始汇聚起来，引导我走出困境。这些习惯，尤其是慷慨、同情（接下来我们将要深入讨论）和游戏的习惯，帮助我意识到，我想生活在宽恕之中。我形成了某种具有治愈作用的、颇见成效的新态度。巨大的能量流遍我的全身，冲走了让我备受煎熬的仇恨、愤怒和复仇的念头。我真正获得了解放，在卸下包袱的同时，我也再次变得完整。

我自身的经验可能源于无足轻重的小事，而很多遭受过不公或伤害的人同样发现，无法从改变生命的角度来看待我们的处境。我们所遭受的创伤在我们的记忆和想象中显得非常重要。在极端的情况下，我们会让这些事情主宰着我们的全部生活。此时，尽管我们曾经是受害者，我们也在滋生着受害者心态。心怀怨恨——特别是当我们不断重温特别痛苦的经历，心里再三演绎曾经的伤害时——表明我们的心灵已经接受了受害者心态。但是，当我想起本章中描述的那些令人难以置信的事情时，我的观点开始发生变化，不再顽固地怀着怨恨之气。

第六章 宽恕的习惯

其他人做到了宽恕，并在不断地宽恕，我们也能做到。本书的每个相关故事都讲到，在人生的关键性转折点时，每个人需要具备勇气才能实践宽恕的习惯。宽恕会帮助他们摆脱恐惧，逃出无法原谅的囚笼，不再纠缠于过去的梦魇。

当生活不公时

从幼年起，我们就学习到：任何行动都会导致后果。作为婴儿，我们只要哭就有奶喝。作为幼儿，当我们抢走其他孩子的玩具时，大人会教导我们必须学会共享。在学校里，我们认识到：努力学习就会有好成绩，会得到老师的喜爱和鼓励。我们知道，吃得太多会发胖，不爱惜身体的时候，我们就会效率不高，缺乏活力。

当这种平衡和制约被打乱时，就会深深地颠覆我们的秩序感和控制感。也许生活会不公正地打击我们，或者人们会无端地敌视我们。梅拉尼和杰克夫妇有三个幼小的女儿，在面临莫名其妙的悲惨事件时，两人的应对方式迥然不同，其中一个人最终获得了痊愈，而另外一个人则感到深深的沮丧。

这个年轻的家庭住在南加利福尼亚州，在户外活动方面表现很活跃。父母双方身体健康，也很有健康意识。女孩们都过着无忧无虑的生活，他们有很多朋友，常常举行足球运动、舞会和家庭聚餐。他们努力工作，以便确保孩子们过上安全而幸福的生活。大约两年以前，二女儿吉达因在踢足球时受了伤，走路开始有点瘸。几场比赛她都没有参加，但膝盖的疼痛没有减轻。他们

带她去看医生,经过几个星期的检查,结果显示吉达患有骨肉瘤——骨头里面长了肿瘤。此时她才九岁。

吉达接受治疗时,她的父母面对这个飞来横祸表现得非常好。他们需要为吉达和其他两个女儿提供情感上的鼓励和支持,生活也围绕着探访肿瘤学家、化疗和康复打转。吉达是个健康好动的女孩,留着金发,脸上长有雀斑,非常乐观,并善于结交朋友。附近的每个人都伸出援手,帮忙做饭和接送孩子。邻居的慷慨、雇主的体谅,以及医生和护士的精心照顾,让梅拉尼和杰克在很长的时间里,都能很好地应对严峻的考验。然而,可悲的是,在和病魔英勇搏斗一年多以后,吉达最终离开了人世。

"我们完全被击垮了。"杰克说,"在她去世以后,什么都变了样,突然之间,仿佛只有我们在独自承受着悲痛。这摧毁了我们的心灵。"夫妇俩在附近有很多朋友,但他们的家人住在东海岸。他们感到越来越孤单、沮丧。大约六个月以后,他们的关系变得很紧张,最后不得不去见家庭治疗师。治疗过程越来越清晰地表明:他们不仅为失去孩子而感到悲痛,还对命运不公感到愤怒。

"我们竭尽了全力,但她还是被夺走了。我找不到理由,只是觉得很愤怒。"杰克解释说,"我的心仿佛被冰冻了。我很痛苦,真想找个人痛加责备,但没有人可以责备。"

在遭受偶然的不公正时,努力寻找秩序和原因会让我们心中痛苦不堪,妨碍我们选择爱的能力。虽然梅拉尼和杰克都无法接受女儿的夭折,但梅拉尼能够更好地接受现实,继续向前。对另外两个孩子的爱能够照亮她的生活。而杰克则变得非常消沉。他需要找个人来为这件事负责。"我感到非常愤怒,想责怪某个人,又不知道该找谁。邻居们仍然过着正常的生活,朋友们仍然在欢笑,好像她从来就不曾存在过,这让我感到很气愤。"他说,"没有人需要我宽恕,但我迫切地需要宽恕某个人。"

我们希望生活合情合理,具有恰当的平衡,但可悲的是,现实并非总是如此。当杰克决定每周到儿科癌症病房做志愿者并继续接受治疗时,他开始重新回到自己的人生轨迹上来。最终,通过自我心灵治疗,他摆脱了复仇的强烈欲望。虽然这来之不易,但他还是重新燃起了生活的希望。

的确事关我们

梅拉尼和杰克在艰难地调和着他们对于公平世界的期望与现实之间的矛盾,这表明宽恕的习惯更多涉及受难者,而不是引起痛苦的人、事或情况。我们常常很难接受宽恕的概念,因为我们相信:冒犯我们的人才是问题的根源。我们怎能原谅肇事逃跑的司机、虐待我们的配偶,或疏忽的外科医生呢?宽恕的习惯给予我们的礼物就是:它避免让施害者的罪遮盖了受害者的自由和权力。最终,宽恕更多涉及受害者的痊愈和自由,而不是施害者。过于热切地关注犯错的人成为了拒绝继续前进的借口。

这种努力注定失败。我们没有能力教训他人或约束他人的行为,每个人都有自己的人生旅程。你的生活可能会给我带来灵感,但你的选择无法控制我的选择。没有人可以强迫他人做出改变。当我们心怀仇恨之时,我们绝望地希望伤害我们的人能够认识到自己的错误,并作出改变。我们寻求秩序和理性,但在多数

情况下,这只是徒劳。我们将所有的精力都投入到改变别人的欲望中,从而剥夺了自身改变和成长所急需的能量。我们给充满爱的自我设置了路障,阻挠了自我的成长。

科妮·多米诺是我主持奥普拉灵魂系列广播节目时的采访嘉宾,是《宽恕法则》的作者。她最先向我介绍了这个观点。多米诺认为宽恕是个过程,其主要作用是让施予宽恕的人获得自由。她的文章中有个重要的观点就是:在宽恕时你不必与作恶者重新建立联系,并且,通过宽恕别人,我们自身将获得自由,而这将有助于你实现心中最深切的愿望。

我必须承认,首次听到她的话时,我并没有完全买账。很多人发现,要忘掉旧的伤痛几乎是不可能的。我们会想:"每个人都真的值得宽恕吗?"你也可能仍然在想着你还没有原谅的事情和人们。谈到天理难容的事情时,我们的脑海中可能会泛起有关性虐待、强奸或其他性侵犯的回忆。我们心灵所受的伤害也会被唤醒:伴侣的不忠、其他的个人背叛,或被公开羞辱或批评。也许职场斗争让我们失去了工作,或者媒体或流言在不公平地评价我们。我们可能已经忍受了无数次轻微的冒犯、灵魂的微小撕裂、轻视和怠慢,以及羞辱和排挤。

然而,当我们出于充满爱而非恐惧的自我,开始渴望变得完整时,我们会发现,我们自身其实已经成了实现宽恕的最大障碍。这会导致我们做出这样绝妙的推论:我们能够真正控制的事物,只有我们自身。列奥是我认识多年的年轻人,他曾经饱受困扰,在他有了第一个孩子后,他发现了这点。

列奥年幼的时候,始终受到蛮横的酒鬼父亲的殴打和斥责。五岁那年,父亲离开了家。几年以后,他开始参加匿名戒酒协会，改变自己的人生历程。当列奥十五岁时，父亲再婚，又生了两个男孩。列奥感到自己被遗弃。他不仅因为父亲曾经虐待他而生气，也因为父亲从来没有尝试过与他和好而深感失望。"他将所有的爱都倾注在约什和约拿身上了。"列奥说，"完全忘记了我的存在。"多年以来，列奥始终怀着这种愤怒。

但是，当列奥拥有自己的家庭时，事情出现了转机。"当时，我和孩子在玩闹，傻傻地笑着。"他解释说，"我突然意识到：愤怒主宰着我的生活。我想原谅我的父亲。"此时，他的父亲已经去世五年了，但即使他还活着，列奥也不确定他是否希望和解。但他在那个瞬间明白了：宽恕他的父亲更多的是他自己的事情，而与他的父亲无关。当他能够将过去永远抛在身后时，他感受到了前所未有的真正的自由。

"宽恕真的仅仅是某种自我治愈和自强自立的行为。"大屠杀幸存者伊娃·科尔说。约瑟夫·蒙格尔博士曾经在奥斯威辛集中营拿科尔和她的孪生姊妹做实验（她的父母和另外两个姐妹被杀害了）。后来，为了倡导宽恕，科尔创办了 CANDLES 大屠杀博物馆，并在印第安纳州创建了教育中心。"我把它称为神药。这种药免费、有效，而且没有副作用。"

自由地继续前行

可以从宽恕的角度来看看田径运动：比赛可以非常激烈，有时候，运动员们会因为对胜利的渴望而忘乎所以。此时比赛就变成了非常私人化的事情。这个对手紧盯着那个运动员，相信对方

在犯规。所有的注意力都转向"报复"那个竞争者——让他/她安守本分或者给他/她点颜色看看。这可能会导致分心和违规,甚至获胜的目的也被"扯平"的渴望所掩盖住。运动员们需要学习到的最重要的教训就是:如果想要成功,更有效的做法就是专注于自己的表现,忽视自己受到的小委屈,而不是想着如何报复对方。

这种事情每天都在商界上演着,我们不断地面临挑战,需要在向前看和向后看之间做出决策。我的朋友约翰最近离开了他工作的那家小型咨询公司,开始独自创业。自从他自己创业以来,少数客户付钱并不及时;某次,即使约翰完成了所有的工作,有个客户却甚至根本不付款。但令人惊讶的是,这些经历对他来说,就像鸭子背上抖落的水珠那样,轻描淡写地就过去了。

面对这种收入毫无保障的情况,约翰是如何做到不受恐惧和怀疑的羁绊呢?他想到了当建筑师的父亲在他小时候给予他的建议。他的父亲经常为朋友和家人做设计工作,有一次,他为邻居介绍的朋友设计了位于科德角的木瓦小屋,但那个朋友没有付钱给他。

"我母亲非常生气,无法原谅那个人。"约翰解释说,"但爸爸对此讳莫如深。他总是告诉我,要向前看,想想下个客户,下个机会,而不是沉溺于过去,愤怒于那些不好的事情。"

当我们与他人建立私人或工作关系的时候,作为人类,我们会做出某些基本假设。面对亲密的朋友,我们会假设他或她不会做任何事情来伤害我们。而在家庭中,我们会期望得到父母的爱护。在婚姻关系中,我们会承诺忠于对方,事事为对方考虑。在更亲密的人际关系中,当这些期望落空,他人的行为让我们感到失望时，我们特别难以原谅这种不忠。

伴侣的背叛会对我们造成最深的伤害，因为这会让我们变得非常脆弱。不忠的配偶将自己的需求或欲望置于我们之上，贬低了我们的牺牲、努力和需求。但宽恕不忠的伴侣并不意味着纵容他们的行为，或因为背叛的缘由而接受指责。它意味着设法摆脱痛苦，继续前行。

我有两对夫妻朋友都经历过婚姻不忠的创伤，他们的处理方式迥然不同：其中一对夫妻和好了，而另外那对夫妻则离了婚。但在这两个案例中，受害方都选择了以充满爱的方式继续生活。对于前者来说，这意味着重新与配偶建立联系，并努力强化双方的关系，重建信任。对于后者来说，这意味着独自开辟新的道路，但并不沉溺于对昔日伴侣的怨恨之中。宽恕的能力让双方都有机会治愈，摆脱心灵的牵累，满怀新的希望去面对未来。

还要注意到的是：成功的婚姻需要双方的生活不断地深深交融起来，即使双方谁也不曾辜负过对方的信任，或有背叛婚姻的恶劣行为，日常的摩擦也可能累计起来，导致危险。我们必须宽恕对方的小过失，才能继续生活下去。无论事情严重与否，无论对方是亲人、熟人还是同事，实践宽恕的习惯最重要的作用，就是给予自己继续生活和前进的自由，将视线投向未来的光明，而不是身后黑暗的隧道。

愿望本身让我们自由

但是我们应该怎么办呢？有时候，要宽恕别人可能会遇到极

大的困难,而且我们有时可能会觉得自己并没有那么"伟大",足以实施这样的壮举。当耶稣说"父啊,赦免他们,因为他们不知道自己在做什么"(路加福音 23:34)时,他并没有为宽恕提出任何条件。许多人都谈到,毫无保留地宽恕他人是非常困难的事情。这种想法很正常,我也认同。事实上,我们的意志根本就无法宽恕。但是,我们并非因此就无能为力:当我们在意志上无法宽恕时,我们却可以渴望宽恕。

一个星期天,我在诸圣堂布道以后,正准备离开教堂,礼拜者克里斯走了过来。他抓住我的胳膊,问我是否有时间听他讲个故事。他瘦削的脸庞突然露齿而笑,说:"你看,我要感谢你呢,我实现了重大的突破!"

他说,他小时候和住在同一街区的达尔是很亲密的朋友。整个孩童时期他们影形不离,甚至长大以后,尽管他们去了不同的州上大学,但仍然保持着密切的联系。当他近三十岁时,他发现,他高中时的恋人和达尔在他离开的某个夏天,曾经偷偷约会。这让他感到心如刀割。他既对前女友感到不满,同时也对达尔充满愤怒。对于他们的友谊来说,这是意外而痛苦的背叛,这让克里斯与老朋友之间的所有回忆都变了样。在将近十年的时间里,他内心始终蕴藏着这种痛苦。虽然他并不想原谅达尔,但让他大为烦恼的是:他常常想起达尔。愤怒时刻折磨着他。

几个星期以前,克里斯来参加教会活动时,我在布道中讲到了宽恕。我在当时说,尽管我们常常根本无法宽恕他人,但我们至少可以希望去宽恕他人。我谈到,愿望本身就有足够的力量带领我们走向宽恕。那天早晨,当克里斯来到祭坛上领受圣餐时,他跪下来祈祷说:"我根本就不想宽恕,但我想要拥有宽恕的愿望。我只是希望自己能想要宽恕他人。"

那天晚上，克里斯做了个生动的梦：他和达尔依然是孩子，在共同玩游戏。他们在后院里，在灿烂的阳光下四处奔跑，将足球踢来踢去。第二天早晨醒来时，幸福和快乐感充盈着他的心灵，他还记得梦中的欢笑和温暖。当他穿好衣服，他意识到，长期以来折磨着他的怨恨感已经消失了。他感到自己已经原谅了朋友，并感到了自由。接着，他对我说，多年以来，他首次感觉到，"更高的力量"是真实的，而且存在于他的生活之中。

有时候，我们无法彻底原谅那些伤害我们或亲人的人。在这些情况下，只要做出"宽恕是可取的"的决定就足够了——尽管我们可能无法宽恕，但我们愿意选择宽恕。根据我的经验，至爱者的巨大力量将满足你宽恕别人的愿望，帮助你踏上治愈之旅。

换位思考

爱的习惯的核心原则是：并非每个人的行为都是善意而可敬的，但每个人都是"至爱者"。至爱者居住在每个人心中，将我们所有人联系起来，形成相互依存的网络。如果我们逐渐意识到很多伤害来自那些不被关爱的人们，或那些不知道自己被关爱的人们，这会促使我们去宽恕。

几年前，教师理查德被指控强奸了一名十五岁的学生。身为两个孩子的父亲，理查德是高中篮球教练，居住在得克萨斯州南部的小镇上。在他的家乡，他深受好评，精力旺盛，他在消防部门做志愿者，经常不厌其烦地辅导孩子们。指控造成的冲击波在

他所在的社区扩散开去,并导致了一连串的事件,对他的家庭造成了毁灭性的打击。警察来到理查德的家中,当着孩子们的面给他戴上了手铐。家人花了几十万美元聘请律师来为他辩护。他所在的社区就是否让理查德继续执教产生了严重分歧,最终他决定辞职,等待审判。

对理查德的妻子海莉来说,这是个意想不到的打击。她完全相信丈夫的清白,并相信自己最终会证明这一点。最初,她关注的是如何帮助丈夫克服法律难题,并让孩子们免受传闻和焦虑的困扰。但很快,她将注意力转移到了原告身上。

"我不明白她为什么会这样对我们。"海莉说,"我知道她童年生活很艰辛,但我们都有困难。她让我的家庭深陷痛苦之中,这让我感到非常愤怒。我想要找到事情的缘由——我们从来没有做过对不起她的事情,但她为什么想要毁掉我们呢?"

后来法院发现,这个女孩曾经对收养她的新墨西哥州的家庭也提出过类似的虚假指控,于是对理查德的指控被撤销了。但海莉仍然对这个女孩的行为和它所导致的后果感到愤怒。

几年以后,当海莉在厨房做饭时,她的大女儿追问起这件事情。作为家人,他们从来没有谈论过这起事件。在所有的旧伤疤被重新揭开时,海莉意识到,她还没有走出这个女孩给他们带来的情感和经济创伤,尽管这个女孩在提出指控时似乎并不知道它会带来什么后果。海莉所在教会的牧师建议她,将这个女孩想象成婴儿,然后她蹒跚学步,最终成为了成年人。

"我想象自己将她抱在怀里,望着她,就像看着自己刚刚出生的孩子那样,"她说,"但我没有产生爱意,却开始哭起来。我意识到她从来没有感受到那样的爱。从来没有人给予她应有的关爱。她在我脑海里从恶魔的形象变成了人的形象。"虽然这样做于事无补,这也不能成为她撒谎的借口,但这确实帮助海莉摆脱了长期以来困扰她的愤怒。

宽恕自己

宽恕的习惯也意味着我们必须宽恕自己做过的亏心事。自我宽恕可能是我们必须做到却又最难做到的事。我们经常听到这种案例:受虐者认为自己负有若干的责任,因为他们引起了施虐者的关注或激起了他们的愤怒。例如,受到家人殴打的儿童有时会默默忍受很多年,因为他们相信自己就是问题的根源。我的挚友杰纳特就是通过自我宽恕而战胜他人带给自己的痛苦的很好例子。她的父亲残忍虐待她的细节不便在这里说出来,但这些遭遇导致她的婚姻充满了种种灾难,她嗜酒成瘾,并产生了许多可怕的医疗并发症。

在为自己所遭受的痛苦寻找根源时,杰纳特更容易怪罪自己,而不是丈夫或父亲。这种逻辑肯定是扭曲的。当这种情况发生时,如果想恢复健康,首先需要做的就是,受害人要承认自己不必为别人的行为承担任何责任。第二步是记住自己是真正被爱的,不要因为任何可能导致虐待发生或持续的事情而责怪自己。

"我认为,宽恕的关键就是要知道自己深深地被爱和宽恕着。"杰纳特曾经告诉我说,"如果有个人需要我的宽恕,那么,我也因为对对方心怀怨恨而需要被宽恕。如果没有这种自我宽恕,我认为宽恕就只是一个心理概念。"

当我们不再相信自己必须十全十美的时候,要原谅他人就容易多了。通过消除完美自我的幻想,自我宽恕使我们有可能原谅别人,从而释放出自己内心的不满和仇恨。通过自我宽恕,我们释放了部分的肇事者(我们可能已经将其内化并视为自身的存在),而这反过来又减少了负能量给我们造成的负担。我想到曾经听说过一个这样的事情:女儿不顺从父亲,父亲便恶狠狠地用皮带抽打女儿。多年以来母亲一直深陷这种暴力关系之中,此时,她试图阻止,于是她抢走皮带,抽打女儿,然后离开了房间。虽然她试图阻止鞭笞,但她实际上也参与了其中——首先,她持续毫不做声地容忍着这种事情,接着,她自己也鞭打起女儿来。

最终这位母亲离开了父亲,并提出了离婚。后来,她责备自己竟然如此软弱,如此长久地容忍恐惧和暴力笼罩着她的家庭。她想,如果自己更加勇敢些,就能让女儿免受这种压迫所带来的创伤。在采取措施保护自己和孩子时,她首先必须放弃自责可能引起的失败主义情绪和脆弱感。她需要摆脱受害者心态。当她在更坚实的基础上建立起自我以后,她就能够原谅自己作为母亲的缺陷,从而继续生活,并逐渐成为更好的母亲。

抚养子女无疑是我们每个人面临的最大挑战。太多人都会不可避免地担心自己做得不够好,认为我们"太人性"的弱点会对孩子产生负面影响。如果我们认识到自己并不完美,因而不该为自己设立高不可及的标准,我们就释放了自己,转而专注于我们的优点。每个人都有长处,也都有弱点。宽恕自己在某些领域的缺陷以后,我们就能将精力投入到可能让我们脱颖而出的领域中来。

第六章　宽恕的习惯

对我们来说，宽恕的旅程可能多少有些极端，然而不管需要宽恕的罪过有多么严重，基本问题总是相同的。这就是让爱流淌于我们的血液之中，而不是屈服于恐惧所引起的怨恨和报复念头之中。决定成败与否的关键在于，我们是否相信自己可以痊愈。如果我们相信这点，那么，即使面对骇人的酷刑和谋杀，我们也可以实现宽恕。

爱的习惯要求我们为自己的存在状态承担起责任，我们成熟与否就在于此。正如我们所看到的，要让自己获得自由并不需要被宽恕者有所改变。我们不必放下自我保护的壁垒和法律界限，以及公正社会提供给我们的那些保护措施，而只需要拆除内心的屏障——那些阻碍充满爱的自我获得自由的屏障。

责备游戏

然而，在安顿自己的身心时，无论在什么情况下，有些人永远不会原谅他人。他们念念不忘自己受害者的身份，无论这种虚假的身份离真实的自我有多么遥远。他们是"不公正的收藏家"。他们知道的全部剧本就是扮演受害者，他们总是以这个角色来给自己定位，放弃了继续生活的能力。我认识一个这样的年轻人，他记得孩童时期受到的每次不公正对待，并将那些感受带入了个人关系甚至工作之中。他不认为自己具有选择权，而是认为所有人在他的生活舞台中都会扮演迫害者的角色。如果他能够摆脱这种心态并接纳宽恕，他就不会在所有其他领域感受到重重挑战，而是会找到力量。

我的导师弗里德曼拉比曾经告诉我，任何有功能障碍的家庭在痊愈过程中面临的最大障碍就是：整个家庭不得不迎合执意扮演"不公正的收藏家"的那个家人。这些人深深沉溺于曾经发生的所有微小不幸和偶然灾难之中，无休止地排演着他们所遭受的一连串不公。即使在谈到当前的事情时，他们也会联想起人们所做的恶事。他们错误地认为，自己的不幸决定了他们的存在，世界充满了灾难。当然，这些人不仅存在于家庭中，也存在于企业、同事或朋友圈，或任何其他人群中。但他们往往在家庭中尤为突出，其他家人要么出于血缘关系而觉得有义务赞成这种世界观，要么就会受到排斥，因为"不公正的收藏家"们会将那些试图挣脱其影响的人想象为恶魔。

我所在教区的教友耶利米就是如此。在婚姻破裂多年之后，他和前妻最终分开了。离婚的时候，耶利米的精神和情感都遭受了巨大的创伤。事实上，这种伤害太大了，以致从家里搬走那天起他就不再说话了。现在回想起来，这反映了他在当时所遭受的压力。面对支离破碎的生活，他不得不对自己产生重重质疑：他能够或值得爱吗？在所有这些事情中，上帝在哪里？在遭受到这种重创以后，他怎么能照顾好儿子？

社区中许多人的"至爱者"能量帮助他回答了这些问题，并在接下来长达三年半的时间里帮他抚平了离婚带来的情感创伤。在与前妻首次出庭时，耶利米听到的是彻头彻尾的谎言。此外，她滔滔不绝地数落着他曾经说错的话和做错的事，不停用恶毒的语言攻击他，歪曲事实，将情有可原的关键情节略去不谈。她对婚姻的失败毫无自责，还故意对儿子讲些事情，让儿子感到难过，反对他的父亲。为了争夺监护权，她甚至声称儿子有严重的

第六章 宽恕的习惯

学习障碍。

这些做法很伤人，尤其当它们来自我们曾经爱过并希望与之共建生活的人时更是如此。当希望破灭时，宽恕他人变得尤为困难。耶利米和牧师们谈到了部分细节，一个牧师坚持认为，他需要宽恕他的前妻。耶利米认为这不可能，但这位牧师没有放弃。

"起初我的尝试是机械性的，我就是无法在心里真正地原谅她。"耶利米说，"但当我继续练习宽恕时，我意识到，我在面对她以及想到离婚时所感受到的痛苦、忧愁和焦虑，既是因为我前妻的行为，也是因为我不愿意宽恕和放下。"

当他意识到，她的行为是出于恐惧时，他感到自己有力量应付她接二连三的恶意行为。即使离婚已成定局，她仍然不时地大吵大闹。"那时，我意识到，我是有选择的。当然，有时候这样做并不容易，我不能每次都立刻去爱与宽恕。但在这些年的宽恕以后，现在宽恕就像骑自行车那样简单。"因此，在他与儿子相处时，他对于前妻没有任何遗憾和愤怒。她不再主宰着他的每个念头，他也更能够在日常活动中找到乐趣了。

像耶利米前妻那样的人会以多种方式存在于我们的生活当中。他们可能是我们的直系亲属，也可能是我们的同事或老朋友。这些人将恐惧作为主要的行为模式。在与他们打交道时，我们经常也会陷入恐惧之中。我们的头脑中会充斥着报复计划，并在刹那之间重新浮现对方昔日的"罪行"，我们为自己设定了新身份，培育出自怨自怜的形象，直到我们再也无法与伴侣、孩子、朋友——尤其是那个充满爱的自我——建立联系为止。我们成为了受害者，放弃了自己的力量。但是，拥抱爱并敞开心灵会拯救我们脱离这个陷阱。

爱有8种习惯
8 Habits of Love

当宽恕治愈他人之时

虽然宽恕的习惯主要指调整自己而非他人，但有时它也能对犯错者产生深刻的影响。2001年9月11日，一个年轻男子坐在达拉斯的公寓里，观看着纽约世界贸易中心双子塔遭受攻击的连续报道。马克·斯特罗曼猜想他的妹妹当时在北塔顶楼工作。他觉得受到了袭击，生活在和平与安全之中的权利被打碎了，在接下来的几天，毒品驱使他犯下了可怕的暴行。他非常希望别人能感受到他的痛苦。

他携带着猎枪，进入达拉斯地区的三个便利店和加油站，追捕"阿拉伯人"，对他来说，他们代表着袭击美国的那些人。在每家商店中，他都射杀了一名店员。最终两人遇难：巴基斯坦人瓦卡尔·哈桑和来自印度的瓦苏德夫·帕特尔。孟加拉国的穆斯林雷斯·布延则幸存下来。在被捕、定罪和判处死刑之后多年，斯特罗曼仍然炫耀自己是"阿拉伯杀手"。

枪伤导致布延右眼失明，三十多粒弹片仍然留在他的脸上。但布延说，他的穆斯林信仰教导他要宽恕，宽恕会带来"社会和国家的和平与治愈"。他体现了宽恕的惊人治愈能力，不知疲倦地阻止斯特罗曼的行刑，虽然最终斯特罗曼在2011年7月20日被执行死刑。在与律师工作了长达十一个小时之后，布延说："我相信，如果马克有机会活着，他会成为代言人，号召人们不要因为仇恨而犯罪。如果他能教育充满仇恨的人们放弃仇恨，这将是一个巨大的成就。"

通过宽恕的习惯传递出来的爱的能量，打开了犯罪者充满爱的自我的大门。当斯特罗曼面对死刑时，他已经改头换面。"我

第六章　宽恕的习惯

本来是个深怀仇恨的人，但现在对所有的种族都充满了爱和理解……我收到消息，得知布延爱着我，这带给我很大的力量。"斯特罗曼说。法庭记录显示，他小时候曾经遭受酒鬼父母的极端虐待和忽视。

我们不能始终指望犯错者会回心转意，坦诚罪过，表达后悔或信任。等待犯错者改变以后再宽恕他们，会给我们自身的自由施加太多的限制。如果那个人死了呢？难道我们只是对自己说："对不起，你注定要永远担负着过去的可怕经历？"

爱呼召我们发挥必要的活力和能力去帮助对方。如果实践宽恕的习惯，我们就能在那个充满恐惧的自我显得不可战胜的时候，接纳那个充满爱的自我。

如何实践宽恕

实践宽恕的习惯，需要开明而积极的思维方式——勇于冒险，超越我们受到的伤害和环境灌输给我们的恐惧。如果生命中缺乏宽恕，就会阻碍我们大胆而勇敢地生活，而这种生活则奠基在这样的认识之上：我们各不相同，但都被赋予了充分的创造才能，可以贡献给这个世界。拒绝自我宽恕限制了我们的能力，让我们无法为生命贡献出无人能及的想象力。正是本着这种精神，我们才去考虑宽恕别人。

就像爱的某些其他习惯，实现宽恕需要长时间地不断练习。生活为宽恕提供了无穷无尽的机会。我们不能强迫自己去宽恕，尤其当我们言不由衷的时候，这样做毫无用处。如果我们始终从

昨天的个人角度来看待事物，就会让自己沉迷于受害者的角色之中，而没有挣脱这种束缚。我们不能坚持让别人做出改变或补偿，而必须专注于自己应该承担的责任。

在探索如何学会宽恕的旅程中，宽恕的习惯要求我们实践所有其他爱的习惯。宽恕会打开恐惧、自我惩罚和报复的囚笼，让我们恢复正常的世界，迎接全新的未来。

本书中介绍的每个习惯都向我们提出了这个问题：我们是出于爱还是出于恐惧而生活在这个世界上？在学会宽恕的过程中，我们给出了响亮的答案：我们选择爱的习惯，以开放的心灵和心态来生活。

- 修习静默是宽恕的前提条件。你不必达到我们所说的佛祖或耶稣内心中的那种宁静。意识到不宽恕对生活的有害影响就足够了。你只要静静地坐着，直到需要被宽恕者的名字、面孔或事件浮现出来。给自己留下足够的空闲时间。当你想起过去的委屈时，你可能会感到身体不舒服，例如脸部发热、嗓子哽咽，或肌肉紧绷。承认这个过程可能会很困难，你需要持之以恒地坚持下去。

- 你可能会惊讶于自己仍然怀有怨气，或者可能会沉溺于个人生活中暂时的处境。如果有多件事情需要宽恕，也许可以列个清单，在你努力实践宽恕的过程中，将这个清单像杂志那样保存在安全的地方。最终的目标是不再需要这张清单。

- 从名单中挑选一个人，想象自己在用心灵之眼观察他/她。

第六章 宽恕的习惯

想象他或她沐浴在"至爱者"的治愈之光中。想象他/她那个充满爱的自我，而不是那个伤害你的、刻薄的、自我中心或充满恐惧的自我。在这个过程中，你肯定会遇到心灵乃至于身体的抗拒。你心中的愤怒、恐惧或痛苦会阻碍爱的能量在你体内流淌，这是正常的。努力想象你想到的这个人沐浴在温暖而抚慰人心的光明之中。想象自己也沐浴在同样的治愈之光中。

◆ 制定一份宽恕声明，以便再三念给自己听。可参考科妮·多米诺的声明，本章中提到的某些人以及成千上万的其他人都曾经使用过。在声明中，她说："我愿意完全宽恕你，不再对你耿耿于怀。就我而言，我们之间发生的事件永远地结束了。我给予你最美好的祝福，希望你万事如意。我在光明中接纳你。我是自由的，你也是自由的，我们之间的所有事都不必再计较了。愿平安与你同在。"（多米诺建议在宽恕自己和请求别人宽恕时使用相同的声明。）如果这些话对你不起作用，可以尝试使用其他的话语。关键是要尽量放下自己的怨恨，给予伤害你的人最美好的祝福，而不是希望他们倒霉。

◆ 请记住，你并不是在努力与这个人或这些人建立新的人际关系。你们不必再成为朋友，甚至不必以任何方式交往。自从在红绿灯那里看到那个伤害过我的人坐在车里之后，我再也没有遇到他。我的目标不是让人际关系复原，而是放下蚕食着我心灵的旧关系。同样，你可能会发现，当你放下压力，承认不必重归于好时，你最终能够迈向宽恕。

- 如果你需要在自身周围确立情感乃至于法律或身体的界限，以便减少或消除伤害，那就寻找能够帮助你保护自己的合适人选。这个过程事关自我治愈和自我解脱，这样做时，你必须要感到安全。

- 当你宽恕时，记住，有些人会继续做伤害你的事情。这通常就是我们的日常生活。你只需让爱的力量战胜恐惧的力量，并在内心的圣所中真诚地祈祷或希望对方变得完整。正如前文所说，没有人能通过逃离某种人际关系或抑制感情，来迫使其他人做出改变。下面我们将要讨论慈悲的习惯，而理解这点则是实践这种习惯的开端。

第七章　慈悲的习惯

Chapter Seven The Habit of Compassion

当我们实践慈悲的习惯时，就选择了为他人映照出他们自身再也无法看到的东西。

所有人心中都有神圣的至爱者之光；每个人——无论我们看起来多么平凡、出色或古怪——都远远不是我们在生活中所做事情的总和。

如果相信所有人本质上都是善良的，我们必然会做出这样的推论：我们视为毫不人道甚或伤天害理的行为，体现了作恶者的痛苦或疾病。

> 虽然有时候
> 需要重新讲述某件事物的可爱之处
> 将手放在花萼上
> 用话语和触抚
> 重新告诉它
> 它是可爱的
> 直到它再次从自我祝福的心中绽放
>
> ——加尔威·金奈尔[①]

  虽然慈悲并非最难理解的爱的习惯,却可能是最难以接受并付诸实践的习惯。它要求我们出于这样的信念而行动,即:每个人本质上都是善良的。对于许多人来说,这似乎是不可能完成的任务。
  宽恕自然会将人引向慈悲。在宽恕中,我们重点关注别人对

[①] 加尔威·金奈尔(Galway Kinnell, 1927~),美国著名诗人,著有《噩梦之书》、《不完美之渴》等诗集。

自己做过的事情，而在慈悲中，我们则专注于别人可能对我们和其他人所做的事情。当我们能超越他人的伤害性行为，洞察到潜藏在阴影深处的善良时，这将有助于我们揭示那种善良，激发那个人重新觉悟到充满爱的自我。在实践慈悲的习惯时，我们是在馈赠他人。

两年前，一个来自波士顿的年轻老师亲自体验了这种区分的挑战。那天的傍晚时分，当她独自沿着查尔斯河跑步时，她受到一群年轻男子的袭击。在她还是个孩子的时候，这条沿着大河流蜿蜒起伏的土路，始终是她的庇护所。珍妮弗经常去那里散步或跑步，思考人生问题并做出重要的决定。袭击事件发生以后，对她来说，那里不再是个寂静之地，而是充满了恐惧。她试图带着朋友去那里散步，以此来克服恐惧，重新亲近这块地方，但她的焦虑感不仅没有减少，反而增加了。她经常出汗、颤抖，无法消除恐惧。

夜间时光变得漫无尽头，她只能呆呆地盯着闹钟，希望能够重新入睡。白天在学校里，她经常魂不守舍，十分疲惫。以前珍妮弗以爱笑和活力无限而广为人知，现在人们开始注意到她的神情变化。她去看心理治疗师，治疗师和她探讨了这样的想法：伤害她的年轻男子自身也受到了伤害。最终，她发现心中有了宽恕。虽然这有助于减轻痛苦，却并没有让她完全摆脱恐惧。有很多天，她很难向学生们露出笑脸。她也不再打电话给朋友们，不再参加社交活动。

她陷入戒备心之中，无法与那个爱和被爱的自我重新建立联系。后来她攒起所有的勇气，打电话给市里的戒毒中心，询问在那里举办写作研讨班的事情。他们将她引荐到海德公园的青少年罪犯收容所。这里聚集着一群近二十岁的青年人，他们都在试图回归正常的生活。詹妮弗准备每周在这里教一次课，每个周四下班后，她都会来到这里。

起初，每当走进这个用残破塑料板搭成的旧房子时，她都需要压抑自己非常紧张的情绪。她站在这些大孩子们面前，心理健康助手站在她身边，她让每个人讲述自己的故事。最终，他们写下自己的故事，然后与珍妮弗共同编辑，并举办读书会，邀请家人来参加。这些受伤的灵魂有很多故事要讲，珍妮弗在帮助他们释放痛苦的同时，也释放了自己的痛苦。她变得爱笑了，并能在日常生活中找到喜悦。她破茧而出，也恢复了晚上与朋友在市区见面的习惯。在重新发现自己心中的"至爱者"的过程中，她也帮助这些人找回了安住在他们内心深处的"至爱者"。

就像珍妮弗这样，当我们实践慈悲的习惯时，就选择了为他人映照出他们自身再也无法看到的东西。这不仅增强了我们自身的善意，最重要的是，这也是我们给予他人的爱的奇妙礼物。

"至爱者"安住在所有人的心中

一天下午，作家兼宗教学者安德鲁·哈维在自己的祖国印度海滨小镇的沙滩上漫步。正当他沉浸在思考中时，突然，他看到自己在温暖的沙滩上留下的足迹闪耀着神圣的光芒。他充满敬畏之情，并因为自己的与众不同而感到骄傲。然后，当他看向周围时，他惊呆了：在自己的脚印闪耀出神圣之光的同时，其他人的脚印也闪耀出神圣之光。

正如哈维的经历,所有人心中都有神圣的至爱者之光;每个人——无论我们看起来多么平凡、出色或古怪——都远远不是我们在生活中所做事情的总和。我们自然会担心,善良已经在某些人身上消失了,但慈悲的习惯让我们摆脱了这种恐惧。我们逐渐相信,一些看似没有良心和灵魂的人能够再次成为良善的器皿。尽管世界上大多数宗教最初都奠基于慈悲之上,但慈悲的习惯比任何宗教都更加深刻。

人性皆善信念背后的神学推理非常简单。起初,只有爱的力量。每个人都是通过这种力量被创造出来。因为爱——存在于所有人心中并产生了那个充满爱的自我的至爱者——创造了每个人,每个人的内心最深处都拥有那种至爱者的力量。我们可能不会这样有意识地想到它,对那些不熟悉传统宗教思想的人来说尤其如此。宗教往往将这个至爱者的核心称为"神的形象"。我认为它仅仅是安住在我们每个人心中的爱之精神,每个人都可以通过爱的习惯接触到它。

当任何人基于充满恐惧的故事情节或剧本来行动时,或者认同这些故事情节或剧本时,我们就不再接触到那个开放坦诚的自我,此时充满恐惧的自我就会现身。但是,当某个人或某件事帮助我们想到人之为人的本质,并让我们想到每个人心中都具有行善能力的时候,我们便感受到了慈悲的力量。当我们对其他人实践慈悲的习惯时,我们就会努力让善良在那个人心中再次绽放出来。

对某些人充满慈悲是很容易的事情:比如,像珍妮弗那样的无辜者或者被虐待的孩子。但慈悲的习惯要求我们将同样的体谅和仁慈扩展到对无辜者施暴的人身上,比如:伤害珍妮弗的那些男孩、伤害孩子的父亲,以及公司中监守自盗的小偷。

这并不意味着我们要纵容令人发指的行为或淡化这些罪行的严重性。在公正的社会,还必须有法治问责。这表明,我们知道肇事者也在承受痛苦,而且相信他们内心最深处仍然有善良和光明。他们并没有丧失全部的良知。在非常复杂的情况下,我们通过扩展慈悲心,帮助那个人再次找到那个爱与被爱的自我。当我们这样做时,我们就是在证实痊愈的可能性。

寻找圣洁之光

在一个春日,大主教德斯蒙德·图图来到诸圣堂讲道。那天讲道的主题是所有人都是"神的管道"。在木制长椅上入座的贵宾中,包括约书亚·列文–格拉特拉比。在参加这次崇拜活动时,他始终感到很紧张:图图大主教强烈批评以色列侵占巴勒斯坦,这使图图在许多犹太社区不受欢迎。拉比知道,自己的许多教徒更愿意看到他抗议图图的讲道,而不是聆听讲道并从中学习。但拉比选择了后者。

那天,他被大主教的主张深深地打动了:世间的每个人都是神的一部分,因而都是圣洁的,值得我们尊重、敬佩、慈悲和爱。我以为,仅仅这种洞见就足以让拉比心存感激了——但图图的思想甚至走得更远。

听完讲道以后,列文–格拉特拉比开始更多地思考道德生活与圣洁生活之间的区别:前者致力于建立为所有人寻求公正平等的社会,后者则走得更远,致力于建立积极寻求他人心中的圣洁

力量的社会。正如拉比后来所说,"爱情投意合的人和你已经爱着的人,是很容易的。而要变得圣洁,成为神的管道,就要爱那些你讨厌乃至于怨恨的人——要找到每个人身上的圣洁之光、上帝之光。"

列文–格拉特拉比每周都会在他的犹太教堂举行冥修会。在听完图图讲道以后的那个周二,教徒们聚集起来,坐下来冥修静想。拉比想起了伟大的哈西德派大师们的话,尤其是巴尔·谢姆·托夫①和布拉斯洛夫镇②的利比·纳曼③的话,他们呼吁我们爱我们的仇敌,为我们所鄙视的人祷告,而令人印象最深刻的是:"在其他人身上看到邪恶时,我们要将它当做一面镜子,照见自己身上的不义。"

他与前来聚会的教众们分享了这些观点。在场的有个老妇人,她的前臂上残留着大屠杀幸存者的淡蓝色文身。她转向拉比,深深吸了口气,然后环顾四周。"在我被囚禁在集中营最黑暗的日子里。"她说,"每当我丧失希望时,我就会想,希特勒身上肯定还有少许人性,这也许体现在他聆听他最喜爱的音乐时,也许在那个瞬间,在那个时刻,他是个人。这给了我继续努力活下去的希望。"

在场的每个人都惊讶得说不出话来。如同拉比后来在讲道时对会众说的那样:"除了幸存者,还有谁能说那样的话而不遭到诋毁,不被认为是心态扭曲的病人呢?"

---

① 巴尔·谢姆·托夫(Ba'al Shem Tov,1700~1760), 波兰裔犹太教领袖和神秘主义者,哈西德教派神秘主义的创立者。
② 布拉斯洛夫(Breslov),镇名,位于乌克兰的乌曼市。
③ 利比·纳曼(Rebbe Nachman,1772~1810),巴尔·谢姆·托夫的曾孙。

第七章 慈悲的习惯

如果相信所有人本质上都是善良的，我们必然会做出这样的推论：我们视为毫不人道甚或伤天害理的行为，体现了作恶者的痛苦或疾病。这可能很难理解——也正是因为如此，在打算真正慈悲地对待他人之前，我们更容易首先在心中做到宽恕。然而，当我们摆脱侮辱对我们造成的深刻伤害以后，将仇敌也当人看待就变得越来越容易了。我们的仇敌在其人生旅途中的某个时刻，学会了仇恨，学会按照那个充满恐惧的自我来生活，不知道或忘记了自己那个充满爱的自我是与所有其他人紧密相连的。当人们出于充满爱的自我而生活时，他们就会反对那些针对自身或他人的仇恨、不公和暴力行为。与此同时，他们在仇恨、不公和暴力的肇事者身上，洞察到了尚未呈现出来的美好与善良。

无条件的爱

托马斯·默顿认为，希伯来文单词 hesed 是个形容词，通常被翻译为慈悲（compassion）。他建议我们想象一下健康的父母抱着婴儿的景象。当父母看着宝宝的眼睛时，他或她会情不自禁地爱上这个孩子。17世纪意大利巴洛克画派艺术家乔瓦尼·巴蒂斯塔·高里（Giovanni Battista Gaulli，又名为巴西齐欧）的绘画作品《圣约瑟与圣婴基督》将慈悲投射到神的身上，生动地描绘了被默顿称为 compassion 的这种感情。在这幅画中，耶稣的父亲约瑟温柔地抱着圣婴，婴儿则伸出胖乎乎的小手去摸他的胡子。约瑟注视着孩子，脸上的喜悦给人留下了深刻的印象。默顿声称，至爱者就是这样凝视着我们每个人的。在看到每个人心中的良善

时,至爱者也会情不自禁地感受到这种喜悦。

感受这种创造宇宙的爱之力量流淌到我们身上,是非常美好的体验。感受那种爱拥抱着所有的受造物,能让人感到全然自由并充满希望。我相信,那就是耶稣说"神的国就在你们心里"(路加福音 17:21)时所表达的意思。当我们让慈悲的能量流入我们心中,然后从我们心中流向别人——尤其是我们憎恶的人——我们就体验到了"神的国"。

格里高利·博伊尔教士(和他共事的人称他为"G")是个耶稣会教士,他创立了美国最大的黑帮干预组织:浪子公司。它的口号是"没有什么能像工作那样制止子弹"。在加州监狱系统工作期间,他遇到了前黑帮成员米格尔。米格尔年幼时曾经受到过虐待,最终被家人彻底抛弃。他转而投奔帮派,来填补亲人离开后所留下的感情空白。年轻的米格尔在洛杉矶过着充满暴力的黑帮生活,后来被指控多项罪行,入狱时还不满二十岁。出狱以后,格里高利教士让他在浪子公司工作,参与清除涂鸦的工作。

某一年的元旦,格里高利教士的电话响了起来。"新年快乐,G。"对方带着浓重的拉丁口音说。是米格尔的声音。

"米格尔,真巧,圣诞节的时候我还想起你呢!"格里高利说。他知道米格尔没有家人迎接他,想要知道他在哪里,又是怎样庆祝圣诞节的。米格尔那天孑然一身吗?

"哦,不。"米格尔马上回答,"我邀请了些哥们,你知道,他们都是像我这样没地方过圣诞节的家伙。"他谈到了与他在小公寓中共度节日的五个年轻人。

格雷高利有点怀疑。他知道那几个人,他们都来自敌对的帮派。他问米格尔,圣诞节他与这些昔日的仇敌做了些什么事。

第七章 慈悲的习惯

"嗯,"米格尔说,"你肯定不会相信……但是……我烧了只火鸡。"他的声音充满了自豪。他说火鸡是"贫民窟风味"的。

格雷高利笑了起来,并告诉他,自己其实并不了解那道菜的做法。

"只需要将黄油擦上去,撒点盐和胡椒,挤点柠檬汁,再放进烤箱,就可以了。味道不错。"

在那个贫民区的简陋公寓中,那天发生的事情肯定很美好。格里高利教父在其著作《心脏上的刺青》中写道:"很难想象出比这六个孤儿共同盯着烤箱更神圣也更寻常的事情了。这就是全部的律法和先知,他们都存在于那个瞬间,就在那里,在这个简陋而神圣的厨房中。"

这个年轻人曾经被抛弃、殴打和虐待,但仍然学会了坚韧和坦荡,能够让敌人聚集在自己家里吃饭。格里高利教士给予的慈悲,让米格尔内心的"至爱者"再次绽放出来,就像他还是无辜孩子时那样,并让他敞开心怀接纳世界上的爱。就像格里高利教士和他的同工们所实践的那样,慈悲就是透过行为的表象看到人们的本质,而不管我们觉得他们做了多大的恶事。

我们遭受的痛苦可能会刻骨铭心,也可能相对较轻,但我们始终可以选择是否要将"仇敌"想象成恶魔。他们也许是工作中无情陷害我们的老板、讨厌我们的老师、不停批评和论断我们的父母,或者是给我们或家人造成难以想象的伤害的人们。

后来,格里高利教士和米格尔在浪子公司并肩工作的时候,教士问米格尔,他在遭受过那么多痛苦以后,是怎么浪子回头的。

米格尔早就有了答案。"你知道,我始终猜想自己身上还有些善意,但我就是无法找到它。直到有一天,"他停顿了一下,"我

在这里，在我的心里，发现了它。我找到了……善良。从此以后，我终于知道我是谁了。"

他停了片刻，然后看着格里高利教士说："现在没有什么能伤害我。"

当爱受到阻挡之时

格里高利教士谈到，帮派的情谊是有条件的，并将它与真正无条件的爱做了对比。"帮派是有条件的爱的堡垒，你稍有差错，就会发现自己被排除在外。你会记住自己所受的冷遇，他们也会因为你的错误判断永远对你怀恨在心。如果某个亲信在面临考验时没有履行职责，就会被贬为'废物'。"他写道。许多宗教团体、商业机构和国家就像帮派那样——这可能有些耸人听闻——他们是有条件的爱（乃至于尊重）的堡垒。

在正常的家庭关系中，家人知道你的最糟状态，你也知道他们的最糟状态。在健康的家庭中，每个人都有这样的共识：尽管我们做过极糟糕的事情，但我们并没有那么差劲。然而，似乎每个家庭都会有缺乏慈悲的时候。通常这是因为家长过于害怕，无法照顾到其他人。此时，一个人的行为会对整个家庭乃至于更大的文化系统造成很多的威胁性。

在奥普拉秀担任节目嘉宾时，一个年轻的非洲裔美国人通过Skype打电话给我。他出生在南方的阿拉巴马州，目前住在佐治亚州的亚特兰大市。他向我解释说，他总是入不敷出，正在试图改变这种艰难的状态。在我们的谈话中，他偶然提到他是同性恋。我立刻打断了他的话：我非常了解南方文化，我能想象，在21世纪初，黑人同性恋男子在阿拉巴马州和佐治亚州的生活是什么样的。

"你感到孤独吗？"我问道。

"是的，"他回答说，"的确如此。"

我向他敞开了心扉。他显得很孤单，只有奥普拉秀节目及其全球在线社区能够让他感受到慈悲的力量。我认为，对他来说，不感到孤立并且不自我孤立，是非常重要的。我告诉他，在他居住的亚特兰大市，我认识很多包容而友好的人们和社区。"你知道一些友善的支持吗？"我问。他回答说，知道。我们的整个交流过程都让人感受到了慈悲的力量。跨越了众多的文化、种族和其他鸿沟，两个人之间建立起了联系。

为了阐明他是至爱者赐予的特殊礼物，我没有运用任何技巧，而是直截了当地说："同性恋是上帝赐予的礼物，但我们的文化不理解。"

奥普拉向我转过身来，满脸惊讶。"我可以告诉你，你是我听过的第一个说'同性恋是上帝赐予的礼物'的牧师！"其他的人，包括迈克尔·伯纳德·贝克维兹和伊丽莎白·莱撒都笑了起来，然后开始认真地讨论我的言语背后的含义。我所说的"同性恋是上帝赐予的礼物"这句话掀起了很多波澜，在YouTube上被浏览了无数次，至今仍然影响着人们。

不久，我的妈妈接到我们在南乔治亚的故乡小镇上的朋友打来的电话。打电话的人哭得很厉害，几乎泣不成声。她刚刚看了这个节目，由此想到了自己数年以前死于艾滋病的儿子。

"培根夫人，我的儿子是同性恋。"她告诉我的母亲，"我哭

是因为他从来没有听谁说过你儿子今天在电视上说的话。如果有任何人——尤其是有个牧师——告诉他，同性恋是上帝赐予的礼物，我相信他今天还会活着。"

就像所有爱的习惯，践行慈悲的习惯得益于点点滴滴的努力。你可能会发现，对某种特定伤害或罪行的肇事者，你更容易对他们产生慈悲心，这取决于你那个充满恐惧的自我是如何形成的。每个人都有不同的背景和"触发因素"，经历的个人、家庭或文化创伤也各不相同。然而，如果我们不对某些人具有慈悲心，就颠覆了自己践行慈悲的信念。每当我们将一个人非人化、妖魔化或标签化时，我们就斩断了自身与我们的人性根基之间的联系。这位母亲最终跨越了恐惧的障碍，接受了她已故儿子身上的美和爱。

免于恐惧

在穿着朴实而合身的新英格兰家族传统风格的衣服时，我的朋友劳拉会感到最自在。她举止高贵，除非有人挑战她的耐心，通常情况下她都表现得相当克制。弗朗西斯最初来自墨西哥，喜欢隔着摆放有辛辣食物的餐桌与人热烈地交谈，也喜欢以律师的身份在法庭上捍卫受虐者。这两个女人是我所认识的最出色的人：聪明、有主见、意志坚强，是争取和平、公正、包容与人权的勇敢而激烈的先驱者。虽然她们的个性迥然不同，但她们在各自的世界里都给人留下了深刻的印象。

如今弗朗西斯和劳拉的前夫埃林顿结了婚，正孕育着他们的

第七章　慈悲的习惯

第一个孩子。尽管经历了痛苦的离婚官司和暗中的相互对抗和指责，劳拉、弗朗西斯和埃林顿制定了出色的共同监护计划，来监护劳拉与埃林顿生养的两个孩子——苏珊和戴维。两个孩子马上就快十岁了，他们没有表现出任何消极的行为。他们的父母和继母都非常慷慨，超越了离婚和再婚所产生的无可争辩的敌意，总是把他们的幸福放在优先考虑的位置。但是，敌意和随之而来的恐惧仍然存在。

埃林顿和劳拉的女儿苏珊接受了坚振礼，所有家人都打算举办午餐会，来庆祝这个重要的成年礼。头天晚上，弗朗西斯惶恐地给我发了一封电子邮件："孩子的父母亲将和我们所有人第一次坐下来共进午餐……我非常忐忑不安……我从墨西哥城给苏珊买了个漂亮礼物……很难诚实地面对所有这些感情……请开导开导我。"

在她恳求的话语里，我听出了她的愤怒。她不知道，在这个本应欢乐的场合，她的愤怒会将她引向何处。我回信说："请记住，在你内心最深处，只有至美至善的灵魂。接触这个至爱者。记住：劳拉也纯粹是至善至美的灵魂。她对你做出的可怕行为都来自那个假的、充满恐惧的自我。"我建议她让灵魂静默下来，通过静默来引导自己如何对待劳拉。"无论如何，都要在心中尊重劳拉那个充满爱的自我，这样你就不会在整个聚会期间感到恐惧。"

弗朗西斯立刻向我表示感谢，并告诉我，我的话让她泪流满面。

这些眼泪并不让我感到意外。慈悲能够搅动我们内心的最深处，当我们想到孩子，或者亲友知己的孩子时，我们轻易就会触

碰到它。1985年，在冷战的最高潮，斯汀在他的歌曲《俄罗斯人》中唱到："拯救我们的，将是我和你／如果俄罗斯人也爱自己的孩子。"这触及了我们在本章中讨论的妖魔化问题。

在你的成长期，你可能没有感受到宇宙的慈悲传遍全身；凝视着你的脸孔可能不像约瑟那样充满安详的接纳、鼓励、认可和纯粹的喜悦。我的母亲常说，家庭"胜过良药"。她努力工作，以便确保我们家就是这样。与此同时，我见过很多家庭生活，知道并非所有家庭都是这样。家庭也可能是毒药而非解药。也许在你的孩提时代，家人因为你的政治取向或精神信仰，或者因为你打破了某种潜文化规则而疏离了你。又或者，你有子女，成年的孩子不能慈悲地对待你。

我们经常需要从家人之外寻找慈悲的治愈性、肯定性和变革性力量。寻求慈悲之手的关键在于找到这样的人：相信我们的未来比我们当前所处的阴暗困境光明得多，并能将那种希望传递到我们的灵魂深处。正是富有慈悲心的人们对我们未来的展望，导致了所有的变化。在这种展望中，我们会变成全新的人，变成不同的人，会有崭新的开始，某种充满创造性、爱与神圣的珍贵事物会活在我们的心中。所有这些都是在用不同的形式相信至爱者安住在我们心中。就像米格尔在发现了自己内心的善良时所说："现在没有什么能伤害我。"

慈悲有助于治愈

作为年轻的牧师，我在整个职业生涯中遇到过最难缠的教

第七章 慈悲的习惯

民。卡罗琳曾经事业有成，是个长期教友，因而在几个教会委员会中任职。在我们举行会议期间，当我针对某件事表达观点时，她常常向我翻白眼。她的态度会变得非常强硬，而且总会有些讽刺或伤害性的话语从她嘴里冒出来。对我来说，这始终是个痛苦之源，因为我觉得自己受到了攻击，而我又不明白缘由。

就这样过了好几个月，她给所有人都造成了极大的压力。最后，有一个晚上，休会后，一个委员会的领导留下来跟我谈话。"你知道，"她带着慈祥的笑容对我说，"我们许多人都认为，有个牧师在卡洛琳小时候踢过她的小狗。"

我问："此话怎讲？"

"好吧，你是我们教会第三个遭受卡罗琳这样对待的牧师。根源肯定在于她的童年时期。"

再次见到卡罗琳的时候，我便主动要求跟她谈谈。我做好了对她开诚布公的心理准备，令我吃惊的是，那天在慈悲之心的帮助下，我的开诚布公并没有将她妖魔化。

在教堂的圣龛下，我们站在小窗户下方，四周都很安静。我说："我注意到您对我心怀不满。"我讲到，她童年时期的某些东西可能仍在困扰着她，然后说："卡罗琳，当你讥讽我或对我充满怨气的时候，要和你共同参加会议真的很难。我觉得这不是你真正的样子。我努力不将这视为是针对我个人的行为。但有时候真的很难做到。我想让你知道，我认为这不是本来的你。"

这时，卡罗琳开始哭起来。我沉默地站在那里，让她尽情地哭泣。然后她说："我得走了。对不起。"

我们再也没讨论过这个微妙的话题。然而，从那时起，她在会议上的态度似乎变得温和了许多。我从来不知道她是如何消化

我们的谈话内容的,我也不想理解这个过程。我对她展现了我的仁慈,告诉她我认出了她内心中的"至爱者"。这是我对她的人生旅程所尽的绵薄之力。

这些经历在职场中司空见惯,我们经常置身于陌生人当中,还需要在紧张的环境中寻找共识。我们可能不了解同事的动机,很难通过他们的举止看到其内心世界,因而无法对他们产生慈悲心。许多年以前,史蒂夫研究生毕业后,曾经在巴黎的一个酒店工作。这家酒店经常爆满,员工们不得不在深夜拒绝疲惫而愤怒的旅客。史蒂夫在那里工作六个星期以后,约翰内斯从黑森林的一个小酒店管理学院毕业来到这里。约翰内斯始终没弄明白酒店的预订系统,史蒂夫必须不断纠正他。此外,约翰内斯脾气急躁,戒备心强,似乎既没有能力也不情愿学习正确的操作步骤。

很显然,用不了多久他就会被解雇。在一个深夜,当史蒂夫再次帮助他时,约翰内斯激烈地反驳他。史蒂夫本可以轻易走开,听之任之。但他对他的同事说:"我们谈谈,好吗?"

下班以后,他们来到酒店后面小巷中的一家当地的咖啡厅中喝啤酒。他们刚刚坐下,约翰内斯的肩膀就放松下来,变得和颜悦色。他坦诚,加入大型国际酒店的"顶尖团队"让他感到非常紧张,以致变得糊涂而健忘。他们谈了一个多小时,约翰内斯逐渐放松下来。谈话结束的时候,他已经放弃了自我保护的姿态,不再觉得自己在不断地被人论断。他的态度改变以后,就立刻开始在工作中汲取他人的经验。由于史蒂夫主动向他伸出援手,当他有机会来展示真实的自我时,他就不再认为自己是个笨手笨脚的白痴,而能够接纳自己并据此待人接物。这个例子就像卡洛琳的故事,表明了慈悲的治愈作用。

帮助他人自助

慈悲有着微妙的负面影响,那就是有害的援助。我在这里指的是:假装和善、表示肤浅的同情,承担起他人的焦虑,或者试图帮别人解决他们的问题。生活中最大的成就感就是:为我们自己的困境找到独特的对策;当我们对他人给予有害的援助时,我们就无法让受助者具备自主解决问题的能力。

在我所在的社区中,就像所有强调慈悲心的团体那样,我们所有人都在帮助他人。但并不是所有的"帮助"都是有帮助的。有些帮助方式对我们自己和他人是有害的。匿名戒酒协会的教导是:有一种帮助方式实际上会让他人上瘾,而不能帮助上瘾者认识到上瘾的病态本质,并找到有效的治疗方法。同样,有益的慈悲并不会越俎代庖,代替他人解决问题,而是帮助对方寻找对策。一天,有个悲痛欲绝的女人找到我的导师亨利·哈德森牧师所在的教会,想要知道如何摆脱个人的困境。她恳求他告诉她到底该怎么做。两个人探讨了若干种可能的方法,他给她推荐了若干治疗师和其他医疗人员,并回顾了一些重要的灵修法门。接着他说:"我很想知道你和上帝找到了怎样的方案。"他知道,要真正给予慈悲,他必须将寻找对策的力量交到她的手中。

几年前,我前往南非工作。两个朋友到开普敦来接我,我们驱车经过闪亮的高速公路,再经过几条尘土飞扬的土路,到非洲大陆尖端的一个小渔村过夜。我们坐在开有几个小窗户的泥巴房子中,吃着当天捕获后烤好的鱼。其中有几个女人的渔民丈夫在捕鱼中丧了命。这些寡妇是贫穷的黑人,得不到任何帮助。

我的朋友们耐心地倾听这些女人诉说着她们的悲痛,这是他们在非营利组织"希望非洲"(HOPE Africa)的工作内容。他们也留意聆听她们的期望,并意识到了自给自足的种子。有些寡妇是非常高明的厨师,还有些寡妇是灵巧的工匠,此外还有些人拥有经商和会计能力,但没能发挥出来。朋友们从开普敦带来了志愿者,教这些寡妇计算和会计知识,以及经商的办法。现在,这些妇女通过给游客提供朴素的农家游服务,实现了自给。

这段经历让我明白了有效帮助而非有害救助的本质。我的朋友们称其工作是"以人为本的经济发展"。他们解释说,西方访问者遇到贫困导致的痛苦时,往往想采用捷径来减轻这种痛苦——他们目睹的痛苦以及他们内心由此产生的痛苦。因此,这些访问者采用的方法反映了西方的心态,比如通过建立一次性项目为他们提供资金和技术,但这更多的只是站在自己的立场,而与苦难者的希望和梦想关系不大。这种解决方案是由旁观者想象出来的,而不是苦难者自身想象出来的,因而不能产生预期的效果,无法长远地持续下去。这些活动的前提和核心是帮助者的感受,而不是被帮助者的感受,它们常常充斥着傲慢和纡尊降贵的态度。

因为在实施这些方案之前,人们没有充分了解那些需要帮助的人们,所以他们几乎从来没有像本章开头金奈尔诗歌中所写的那样:"以手加额,再次教人们认识到自己的可爱之处,直到他们的心灵之花再次绽放。"慈悲意味着肯定每个人的基本人性,从而让他们能够成长和治愈。

第七章 慈悲的习惯

道德自我

慈悲习惯的实践者并没有否认他人做出的可怕行为。无可否认，人类会对无辜者和弱者做出邪恶而有害的事情。这也并不意味着：我们在日常工作中遇到的人，都会像我们那样尊重他人和文明的集体生活。我们无法避免接触某些"可怕"的人，或者怀着根深蒂固的恐惧或散播恐惧的人。不幸的是，没有人能完全远离那些暴力的实施者。但是，通过实践慈悲的习惯，我们应该记住，每个人身上都潜藏着与生俱来的可爱之处，即使那些善良被掩藏得很深的人也是如此。我能在多大程度上摆脱恐惧，让爱在心中流过，就能在多大程度上在与各种人打交道时实践爱的习惯。第一个告诉我这种观念的，是格里高利教士。

在一定程度上，慈悲就是坚持基于问责的法律制度（除了死刑制度之外）。然而，问责制度的核心——即使它可能涉及禁止假释的终身监禁——理念是：每个人心中都有个充满爱的自我，我们（和犯错者）可能无法触及它，但它绝没有被完全抹杀掉。

例如，人们往往会出于恐惧，而将某些人归为"怪物"，以此来为战争和死刑辩护。这种说法忽略了每个人心中神圣的良善，为杀害他们提供了似是而非的理由。如果坚持认为有些人毫无人性，我们自己就会变得没有人性。仇恨敌人并有意拒绝慈悲地对待敌人，扭曲了我们自己的人格。

在法治思维下，正义被视为"揭露真相"。通过补偿，或在必要的时候实施监禁等处罚措施，可以让混乱状况恢复正常。这是恢复性正义。然而，在战争思维下，人们认为正义就是给予敌人"以眼还眼、以牙还牙"的报复——而甘地指出，这会让整个

世界变得盲目。如果有人被杀害,相应的肇事者必须受到处决,而这在现实中很少能够保持相应的界限。这就是报复性正义。

恢复性正义让人们能够自由地继续前进,同时具备清醒的智慧和终止暴力循环的真诚努力,并通过有效的努力来恢复自身的完整性。后者则让个人或人们重新回顾乃至再次实施起初的罪行,导致暴力行为不断循环,愈演愈烈。

那些被伤害者及其盟友,应该设法中止轮番不休的攻击,避免暴行和更多的流血事件。恐惧的能量场无法实现这个目标。只有爱的能量场才能建立和平。

本书认为,当我们将反人性罪告上法庭,而不是诉诸战争或暗杀时,我们充满爱的自我就得到了体现。当利比亚的卡扎菲上校在2011年被俘并被杀时,一名利比亚律师在谈到那些囚禁他并残忍杀害了他的人时说:"他们无法触摸到自己的道德自我。"

真是精辟的评论!对我来说,这涉及慈悲的习惯。这位律师谈论的道德自我只不过是充满爱的自我的别名。卡扎菲给他们造成了巨大的痛苦,他们对卡扎菲的残忍行为让这个人在弥留之际将其充满恐惧的自我反射回了自己身上。与此同时,如果他们能慈悲地对待他,他们本可以将他毫发无损地带到法律面前,并向他昭明"爱的本性存在于每个人身上"这个事实,而这正是他平生都予以否认并导致了可怕后果的东西。

如何实践慈悲

在本质上,慈悲的习惯就是:在日常生活中基于"每个人都

第七章 慈悲的习惯

是上帝的管道"这种理念来行事。实践慈悲意味着，将我们不认同或伤害我们的个人或团体带回充满爱的人类羊栏。它要求我们不断超越自我的视野，将爱延伸到人类大家庭的所有成员身上，不管他们过去可能做过什么。它不同于慈善性质的同情（后者试图简单地抹除别人的痛苦或不适），而是鼓励我们帮助他们自助和自尊，以便实现他们美好的未来。慈悲的习惯提醒我们，尽管我们可能做过最恶劣的事情，但我们并没有那么坏。邪恶的行为无法抹杀我们心灵最深处的良善和爱。

虽然我们有时候可能很难产生慈悲心，当我们受到伤害或感到恐惧时尤其如此，但我们可以学会将其纳入我们的日常活动之中。你不需要立刻就做到慈悲，重要的是，我们要逐渐前进。只要我们希望将慈悲的能量给予别人，克服那个充满恐惧的自我的阻力和狡辩，我们就已经踏上了慈悲的征程，将恐惧的束缚抛在了身后。

- ✧ 花点时间来静默，回忆你接受他人慈悲的时刻。在静默中，回想他人发现你的特殊天赋或认为你的存在很独特的时刻。当我进行这样的冥想练习时，脑海中就会重现我以往各个时期的生活。对于某些人来说，这样的时刻就发生在最近。对于其他人来说，它可能发生在我们的童年。对于我来说，就是如此，当时我的父母都要工作，由一个女士在白天照顾着我。

- ✧ 如果几分钟后，你还没有专注于某一件事情上，那就向至爱者或宇宙的精神或更高的力量（但你可能会想到终极力量）敞开自己的心灵。请求那个慈悲的存在让你感受到你心灵最

深处从出生之初就具有的美善。也许此时你就会洞察到自己生命中接受慈悲的时刻,这会让你的内心渴望对别人展示慈悲,完成爱的循环。

✦ 参加能够导致自我祝福的活动,如本章开头的诗歌所说的那样,我们正在寻求"承受者从自我祝福的礼物中再次绽放"。当你穿过艺术画廊空旷的走廊,注视着那些绘画作品的时候,可能会发生这种情况。也许音乐会激发出你的慈悲之心,或者跳舞会将你带向欢乐之地,然后,你就可以将这种感受传递给别人。也许当你看着孩子的笑脸时,你就会想到自己所受的祝福。

✦ 如果这些步骤都不能立即生效,那也不必沮丧。有时还需要花点时间。每年我都会去静修八天。第一天用来祷告,让自己想起我们处于多么深切而无条件的爱之中。如果一天之内做不到,那么静修导师就不会继续后面的步骤。对你来说,也许你需要花一个下午来自我反省,花上一天时间暂时卸下自己的职责,或者与亲人度上一个期待已久的假期。或者,你需要数个星期或数月的持续努力,但每天,你都在越来越努力地让自己的灵魂绽放出来。

✦ 当你相信自己也是至爱者的时候,就可以将它给予别人了。可以从亲近的人开始。想象他们需要别人来提醒他们内心深处的良善。当你触摸到自己的道德自我——被爱与爱的自我,独特的自我——之时,将你感受到的能量传递给他们。

然后，将这种慈悲给予更大范围内的家人、朋友和同事。

✧ 我们很多人发现这些步骤并不难做到。真正的挑战在于慈悲地对待那些我们认为不配、残忍或很坏的人。想到那些你始终无法与之相处或被你严厉评判过的人。想象创造你的爱之力量也同样创造了他们。想象他们内心深处存在着良善，他们之所以没有向你展示那种良善，是因为某个权威人物告诉他们，他们应该按照某些故事情节或概念模式去生活。那个充满恐惧的故事让他们无法怀着慈悲之心去爱人。将你回归充满爱的自我时所感受到的能量传递给他们。你的身体会逐渐放松下来，重重压在心头的那些消极而恐惧的感受也会消失。

✧ 在实践有益的慈悲之时，记住始终要相信每个人都对自己的人生、家庭和社区充满了希望和梦想。这不是要你放下怜悯，而是要你以建设性的方式来实践"慷慨"的习惯——我们所探讨的第一个爱的习惯。因此，举例来说，在面对饥荒和地震等灾害想要捐钱之时，我总是会捐给这样的组织：首先，它们能够提供有效的紧急援助；其次，他们会承诺与灾民保持长久的联系。那些致力于了解人们的希望和梦想的救援和发展组织，将会参与推动那些希望和梦想的实现，以便灾难的幸存者们可以发掘到自己的力量。

✧ 家庭、企业、信仰团体或任何其他系统的领导者有责任怀着坚定而温柔的慈悲心，与难缠的人打交道。虽然我花了很多

时间来想象其他人内心深处的善良，我还是得定期跟别人（灵性导师，有时是治疗师）沟通——我偶尔难以将慈悲的能量传递给他人。莎拉是我所在的信仰团体的领导人，勇敢而堪称表率。她曾经告诉我，她对我们教会的某个成员感到非常愤怒，为了克制愤怒，她不得不多次去看治疗师。这让莎拉发生了很大变化（而不是那个难缠的人），这就够了。莎拉已经明白，实践慈悲不仅意味着出于那个充满爱的自我与他人打交道，还意味着与世界分享那种爱。

征服当代硅谷精英与文化名流的古老哲学，
教你拥有生活所需要的平静、自知和适应能力。

扫码免费听《像哲学家一样生活》，
20分钟获得该书精华内容。

第八章　社群的习惯

Chapter Eight The Habit of Community

当与他人隔绝时，我们只不过是一粒微小的沙子，轻易就能被冲走。在我们所选择的社区中，我们转而变成了岩石，能够勇敢地面对大海的怒涛。

直接影响一个人的事物，会间接地影响所有人。由于某种奇怪的原因，除非你们达到理想的样子，否则我永远无法达到理想的样子。反过来，在我达到理想的样子之前，你们也绝不可能达到理想的样子。

没有人是一座孤岛

可以自全

每个人都是大陆的一片

整体的一部分

如果海水冲掉一块

欧洲就减小

如同一个海岬失掉一角

如同你的朋友或者你自己的领地失掉一块

任何人的死亡都是我的损失

因为我是人类的一员

因此

不要问丧钟为谁而鸣

它就为你敲响

——约翰·多恩[①]

[①] 约翰·多恩（John Donne，1572~1631），17世纪英国玄学派诗人，所著《多恩选集》流传于世。

> 我是你就如你是他亦如你是我，我们兄弟同心。
>
> ——披头士乐队《我是海象》

你可能听说过"我们孤独地活着，又孤独地死去"这种说法，但这两个观点都是错的。你不能离群索居，独自一人无法保持健康，无法治愈创伤，也无法茁壮成长。仅仅靠自己，你无法摆脱恐惧，无法成为情人，也无法接触到自己内心以及其他人内心的"至爱者"。就此而言，我们不是单个的人，而是由人组成的大家庭。

社群的习惯让我们知道：事实上我们并非独自一人。其他七个爱的习惯最终会引向这个最关键也最肯定生命的习惯。群体能够克服其他习惯无法克服的恐惧：它会抗拒最核心的恐惧——也许是我们最深的恐惧，即：我们本质上都孤独地活在这个世界上。

若干年以前，年轻的利兹女士和丈夫马特正在期待着他们第一个孩子的降生。怀孕过程很艰辛——连续有几个月，每天早上利兹都感到恶心，并伴随着并发症，她不得不在家中卧床数周，随后又住进医院。即将开始三口之家的生活让马特感到兴奋，由于远离明尼苏达州的家人，马特开始写博客，向所有人通报最新进展。3月24日，他发布了几张体重将近四磅的小女婴的照片，以及一张幸福又疲惫的利兹的照片：利兹躺在医院的病床上，金发向后梳起，正在向被送往新生儿重症监护病房的婴儿柔声细语。小婴儿马德琳·洛热兰降生了，虽然早产数周，但情况良好。

第二天博客没有更新，第三天也没有。四天以后，博客上发布了利兹的讣告。3月25日,她准备去看马德琳,这是马德琳出生后利兹首次去看她,结果却是在那里因肺栓塞不治而亡。在27个小时内,马特经历了从当父亲到失去妻子的巨变。

在接下来的几个星期中,发生了一件不寻常的事情:马特无意中发现了一个给他带来希望的新社区。他和这些陌生人从来没有见过面,但是,当他无比悲痛时,他们为他提供了很多心理和实际上的帮助。半夜时分,在长时间地喂奶或手忙脚乱地换完尿布以后,马特开始给未曾谋面的博客读者们讲述自己的故事。他会写利兹,也写宝宝,也会寻求建议。渐渐地,他开始获得反馈。不久,成千上万的母亲向他伸出援助之手。虽然每天的生活就像打仗一样,但他并不是在孤身奋战。"不断涌来的建议和善意再次证明了社区的力量,社会大家庭的力量。"他写道,"……因为我不属于教堂或任何社区团体,无法获得任何组织的援助。然而,我却意外地在网上碰见了这些富有同情心的人们。"

我们都需要社区给予我们勇气,激励我们去改变,并要求我们承担责任,而不管这种社区是我们采用什么形式找到或创建的。我们不能独自渡过难关,也不想独自体验美好的时光。与他人分享我们的痛苦和喜悦有助于让我们远离恐惧本性中的黑暗,接纳我们心中始终存在的爱与被爱的自我,而不管我们的处境有多么糟糕。社交有助于我们敞开心灵。当与他人隔绝时,我们只不过是一粒微小的沙子,轻易就能被冲走。在我们所选择的社区中,我们转而变成了岩石,能够勇敢地面对大海的怒涛。

我们在故我在

当佐治亚州的高中同学聚餐时,聚会的组织者曾经邀请我发言。这是一个艰巨的任务——就像俗话说的那样,这些人是你的"老相识"。从十几岁时起,我已经改变了很多,而且这些年我居住的地方离以前的同学有千里之遥。能否设法弥合我们之间的距离?我能说些什么帮助性或启发性的话呢?那天上午,我到镇上的健身中心去健身,以便平复心情,并思考对老朋友们说些什么话。当时,杠铃架上方的小海报吸引了我的注意:

没有监护人员在场时不要举重
否则可能造成永久损伤

至爱者通过海报告诉我应该讲些什么。那天晚上,我谈到了高中时获得的某些胜利,但就像周围仰着头听我说话的大多数人那样,我也曾经面临过痛苦的挑战。但这些经历没有给我留下永久的创伤,因为我有很多朋友和老师,就像健身房的"监护人员"那样。当他们看到我不堪重负时,就会走过来站在我面前或身后,用双手承担重量。如果我抓举重物时摇摇晃晃,这些监护人员就会随时准备接住它们放在地上,以免砸在我的身上。这就是社区的力量:它让我们明白,不管我们承受着多大的恐惧或怎样挣扎其中,我们从来不是真正的孤独无助。

在夏威夷,"aloha"已经成为常见的问候语,似乎它的意思就是"你好"。但是,这个单词的文化根源来自某种更复杂的事物。在过去,当两个当地人彼此问候时,他们会"靠拢过来"

（ALO），触碰额头，然后呼吸彼此的精神或生命之力（ha的意思是"呼吸"或"生命"）。因此，"aloha"的原意就是"靠拢过来，摄入彼此的精神、呼吸或生命"。这就是马特的网友们在他妻子死亡和宝宝出生后为他做的事情：分享并发扬他的生命精神，并通过屏幕上的字将其精神传递给他。

德斯蒙德·图图大主教在谈到祖鲁语单词"ubuntu"时，说了类似的话。他将"ubuntu"翻译为"个人通过其他人而活着"。大主教解释说，在那些母语包括"ubuntu"这个单词的非洲文化中，人们称，当有人"心中具有'ubuntu'"（当某个人在生活中怀着"ubuntu"的精神）时，你会知道和感受到。那些信奉社群、"aloha"和"ubuntu"理念的人知道，真理不是"我思故我在"，而是"我们在故我在"。

这里的"我在"，包括自己持续不断的人生转变，因为我与其他人共同生活于社群之中。我还没有经历充分的转变，让内心拥有持久的公正、公平、正义、勇气，并处于开放而宁静的状态之中。在那些社区精神非常繁荣的地方，可以找到这些价值，那些社区中的人们都能认识并感受到他们永远是休戚与共的。

我之所以能够思考、创造、想象、照顾孩子，慈悲地对待他人甚至自己的对手和敌人，是因为我知道并感受到，我们彼此是紧密相连的，都从至爱者那里获得了生命和能量。马丁·路德·金博士的话描述了这种生命的趋向："直接影响一个人的事物，会间接地影响所有人。由于某种奇怪的原因，除非你们达到理想的样子，否则我永远无法达到理想的样子。反过来，在我达到理想的样子之前，你们也绝不可能达到理想的样子。"每个人都有义务做好自己的工作，好好地生活，变成我们本应成为的样子，但我

们在工作和生活中要具备群体意识,因此,我们也有责任去帮助他人,以便他们也能变成本应成为的样子。

与人数无关

社区不只是个体的集合,而是将人们聚集起来,努力抛弃各自充满恐惧的自我,打开心扉,让内心的至爱者流向他人,实现我们在"慷慨的习惯"章节所讨论的能量的持续流入和流出。一个社区并不一定要有成千上万人。年轻的凯莉女士最近获得罗德奖学金,受邀到英国牛津大学读书。她如何在不经意间成立了两个社区,这一点从她的经历中清楚可见。

上高中时,凯莉每逢周末都会到养老院去看望她的祖父。每次到养老院时,她都会注意到:有个老人独自坐在前门的折叠椅上,每次都在同一个地方;等她离开的时候,他也总在那里。护士告诉她,他只有吃饭和睡觉时才会离开这里。两年以前,约翰的家人将他撇在这里,再也没有回来。他太渴望家人的陪伴了,因此像个哨兵般待在门口,以免错过来探望他的家人。然而,无数个日子过去了,他的家人却没有来。

在祖父午睡的时候,凯莉总是会到楼下陪约翰坐坐。那年夏天,她每天都去养老院,每次都会陪她的新朋友坐坐,聊聊天。他给她讲述自己的生活:他的地毯生意、军旅生涯、他的初恋,以及他平生中唯一深爱的妻子。他们成了非常亲密的朋友。有一天,当凯莉来到养老院时,约翰并没有坐在门口。

他的心脏病药不起作用了,护士解释说,他可能活不过那天了。

她冲到他的房间,拉过椅子,在他的床边坐下。他向她伸出手,他们的手紧紧握在一起。"我知道他的家人不会出现,我想留在那里陪他。"她说。一个小时后,监视器显示心跳停止了,护士冲了进来。凯莉仍然握着他的手,哭了起来。"约翰去世的那个瞬间,我心里的某种东西被激发了。我了解约翰,爱他,我看见约翰没有家人的陪伴,孤零零地走了。"

凯莉在不自觉地实践社群的习惯。在约翰生命的最后几个月里,她给了这个陌生人渴盼已久的陪伴和爱。最终,在他去世的时候他知道自己并不孤单。社群未必包括很多人,它指的是意念、感恩,以及在他人需要"说话"的时候聆听他们。

我们聚集起来讲述自己的故事,是因为它让我们远离恐惧,进入群体。恐惧让我们与世隔绝,而群体则让我们永远不感到真正的孤单。正在接受治疗的孩子感觉有人在聆听并理解他/她,并通过分享更深地了解自己,不再害怕在上学的路上受到欺负。寡妇通过加入正在承受丧亲之痛的社群,认识到其他人经历过同样的痛苦却勇敢地活下来并给别人讲述自己的故事,这让她鼓起勇气。参加婚礼的客人在享受欢乐的同时,也形成了群体,赞扬并支持着他们所见证的新人们的价值观。送葬的人们让生命的气息再次吹到死者身上,通过与朋友们分享他们的故事,再次唤醒他们的灵魂。葬礼常常会变成欢乐的场合,充满喧闹的笑声,这是很好的事情。有时候,参加葬礼的人们甚至会感到欢欣鼓舞。为什么?因为与群体的互动让我们的灵魂饱满而欢愉,昭明了我们心中的至爱者。

无论在场的朋友是一个还是很多个,我都体会到了这种群体

的力量。没有我的妻子、我们的孩子彼得和艾丽斯、我们的孙子、朋友、同事,以及我所属的侍奉团体,我就无法在人生中做目前所做的事情。这些群体改变了我的生活。在我写作本书期间,我偶尔会离开群体几周时间,但我每周都参加教会活动——不是出于义务感,而是因为我觉得,置身于人群当中并和他们共同努力来消除恐惧,让我变得精力饱满。

关键在于:我们不要将自己隔绝起来。我们需要伸出手,说:"我需要一个监护人员,需要一个社群。我们真的离不开彼此。"

没有陌生人

1958年,在美国肯塔基州路易斯维尔市,特拉普派修士兼作家托马斯·默顿在例行就诊后,正走在小镇上。不久,他将回到肯塔基乡村偏僻的寺院。当默顿漫步走过核桃街(现改名为穆罕默德·阿里大道)时,突然灵光乍现,这决定了他的下半生。环顾着街市上的老老少少,后来他写道:"我突然充满了这样的想法,我意识到我爱这些人,他们属于我,我也属于他们,即便我们完全不认识,却不可能彼此毫无联系……我突然洞察到他们心灵中隐藏着的美,洞察到罪恶、欲望和自我认识都无法了解的心灵的奥秘,以及他们存在的核心,上帝并不轻看每个人。"

正如他自己所说,作为僧侣,他始终生活在"彻底的幻觉"之中,换句话说,他始终过着一种与世隔绝的生活。在那个瞬间他意识到离群索居的克己生活遮蔽了群体的美丽和力量:"通过誓言,我们成为了某种不同的族类,貌似天使的'灵性的人'……

但我们是否因此有权认为自己与众不同，甚至比别人更优秀呢？这种想法很荒谬。"

对于默顿的惊人洞见，尽管有些人能直观感受到，但还有很多人觉得很陌生，因为我们并不觉得自己与全人类深切相连。许多人置身于人海之中，却感到孤单至极。这种情况可能发生在我们被家人误解的时候；或在工作中无人聆听我们意见的时候；或当社交群体中其他人的价值观与我们迥然不同的时候。也许，我们只是太沉溺于自身的顾虑，无法向他人敞开心扉，从而让自己变得脆弱不堪。也许，我们害怕知己难求，因而更乐意独自摸索。

只要看看周围，看看在过去几十年中被人们认可的商业实践，就能发现人们脱离社群精神的程度有多么严重。最近的银行丑闻就是一个典型的例子。积累财富的欲望往往战胜了我们对他人的责任感以及我们与他人之间的亲密关系；对利润的追逐胜过了医疗保健和教育领域的公共需求。但是，当我们出于充满爱的自我而行动时，人与人之间的亲密联系就会变得很明显，并能引导我们的行为。正如默顿在谈到那天他见到那些普通人时所说："要是他们都能看到真正的自己，如果我们始终都能这样看待对方，那么世界上将不再有战争、仇恨、残酷和贪婪。"

在洛杉矶帕萨迪纳市的街道上，我经常会遇到无家可归者，其中许多人是精神病患者。那时，我总是会想到默顿的"路易斯维尔顿悟"。这时，不管我们的生活或思维方式有多么悬殊，我也会把自己和一个不知名的流浪者联系起来，而从前我们只是陌生人。用默顿的话说："他们属于我，而我也属于他们。"

当我们的意识发生转变，意识到这个生命网络的存在时，就会产生社群的动力。如果我们的文化能够进入全民公益时代，这

将大大有利于我们的国家。在"和平队"①或"美国志愿队"②工作过的朋友们曾经明确地告诉我,这种经历深刻地影响了他们的生活,让他们认识和看待别人的方式发生了深远而积极的转变。这些服务经历振奋人心,而且开拓了人的眼界,因而应该成为我们生活的内容。当他们贡献出时间和精力来建设健康的社会时,每个人都能从中受益,而我们有责任帮助年轻人认识到这种互惠关系。值得庆幸的是,许多学校和家庭都意识到了在日常生活中融入团体责任感的重要性。现代生活变得如此支离破碎、忙碌不堪,以致我们逐渐丧失了人性。共同创建社团可以抵制这种碎片化倾向,恢复我们的人性。当我们意识到所有人都有着精神和道德上的亲缘关系,并带着这种意识来生活时,我们就是在实践社群的习惯。我们就真正变成了人类大家庭,而不只是人类这个种族。

需要被聆听

丹·尼格罗是纽约市消防局的首席营运官。2001年9月11

---

① 和平队(Peace Corps),是根据1961年3月1日美国政府10924号行政命令成立的志愿服务组织,并于同年得到美国国会以通过《和平队法案》的方式授权。队员需要为其义务服务两年,其宗旨是:促进世界和平与友谊,为感兴趣的国家和地区,提供有能力,且愿意在艰苦环境下在国外服务的美国男性和女性公民,以帮助这些国家和地区的人民获得训练有素的人力资源。截至2006年,先后有超过19.5万美国公民参加过和平队的工作。目前,和平队在70多个国家均有活动。

② 美国志愿队(Amercorps),美国全国性的志愿者服务项目,成立于1993年,其典型任务包括教导青少年、修建房屋和紧急援助遭受自然灾害的地区。志愿者通常做大约一年的志愿工作,获适当报酬,并可以获得大学学费补助。

第八章 社群的习惯

日上午,他开车穿过布鲁克林大桥前来参加救援。他活了下来,向人们讲述着他的故事,并见证着别人的故事。在众多充满惊慌和恐惧的故事中,也有很多有关勇气和集体精神的感人至深的故事。那天,在这个以奉行个人主义生活态度而著称的城市里,社区的力量自发地爆发出来,永久地改变了这个城市。甚至在袭击发生十多年之后,这种力量仍然在继续赐给幸存者力量。

尼格罗参加了数百名消防人员的葬礼,这些消防员都是在双子塔倒塌时牺牲的。"你看到孩子们失去了父亲,母亲失去了儿子,我总是试着想象自己是一块海绵,吸收着大家的悲痛。"他回忆说,"我不认为这些人都是教会的信徒,但在那段时间里,我觉得每个人的灵性都在成长。"

讲这个故事,我不仅是为了强调我们在危急关头如何齐心协力,而是因为当人类处在痛苦之中时,我们会本能地共同哀悼,转向更高的力量寻求答案。我之所以讲述这个故事,是因为尼格罗不仅在本能地实现社群的习惯,而且走得更远,在经历那次创伤之后的很长时间内他仍然实践着这个习惯。他的父亲是个老消防队员,曾经劝他去看看在袭击事件中周边地区失去员工的九十个消防站。接连好几个星期,尼格罗都在下班回家时顺道去一两个消防站转转。有时候,他的拜访短暂而直接,只会了解一下消防队员们共同或独特的经历。有时候,他的拜访时间会较长,也更具挑战性,尼格罗——他如今已经接任了在"9·11"中遇难的前消防局长彼得·甘奇的职务——会倾听他们的倾诉,分担他们的愤怒和恐惧。

他的父亲是正确的:抚平创伤的话必须讲出口。事实证明,那年的倾听生涯给尼格罗带来了巨大的转变,他发现很难想起此

前几十年经历的数百场火灾和职业生涯中无数的里程碑事件。就像默顿那样,这成了他人生永远的分水岭。

在恐怖——或者尴尬——的时刻,恐惧会驱使我们将自己隔绝起来。而隔绝会鼓动我们产生很多幻想。恐惧孕育出的负面幻想——担心事情会出现可怕的错误,担心无人问津,或者我们会将事情搞砸——会在隔绝的培养皿中疯狂滋长。倾诉是创建群体的开端。即便仅仅给一个富有同情心的支持者打个电话,仅仅听到他或她的声音,就可以让生活变得更好。我们的身心灵会记住对方的声音。感受到富有同情心的人们的声音,能够消除隔绝导致的消极情绪。

讲述的勇气

我的教民凯茜是个癌症幸存者。看到凯茜时,我的内心就会感到温暖,甚至想起凯茜时,我就会微笑起来。她已经六十多岁了,两个孩子已经成年,有三个孙子(女)。她的身材像芭蕾舞演员那样高挑,面带微笑,乐观向上,亲切而自信。她走路就像舞蹈演员,穿着时髦的高跟鞋,脚尖向外绷直,步伐坚定而从容。化疗之后她的头发都掉光了,后来又长出了很短的金发,这让她更加引人注目。然而,她给予大家的鼓舞,并非源于她的容貌,而是源于她内心深处战胜恐惧的活跃力量。

凯茜被医生诊断患有淋巴癌的那个下午,她回家以后立刻打开电脑。"我要告诉……"她写了一封长长的电子邮件,此后和五十多个朋友保持着长久的通信。她本能地感到,自己不想独自

第八章 社群的习惯

走过这段旅程，也不必这样。

这句"我要告诉"让我想起儿时的口头禅。每当有恶霸欺负一个可怜的孩子时，我们就会威胁说："我要告诉别人。"当然，这意味着我们要告诉某个成年人——一个比我们更有力量、可以阻止那个恶霸的人。凯茜告诉朋友们，癌症这个恶霸在欺负她。这些友人心中所有的至爱者能量都集中到了她身上，让她变得更加健康。这样，在接受痛苦的化疗以外，凯茜同时也接受到来自群体的治愈力量。

后来，癌症入侵我的家庭。当它到来的时候，我暗中用凯茜的精神来鼓励自己。

我的妻子霍普下唇中央长了一个肿瘤，是鳞状细胞癌。作为语言病理学专家，她在日常工作中需要用嘴唇模仿发音，她竟然患上这样的癌症，老天真是开了一个残酷的玩笑。如果语言治疗师自己都无法正确发出"p"这个音，她还怎么教孩子们呢？肿块长得很快，所以我们尽快确定了手术日期。肿瘤不仅威胁到霍普的私人生活，也威胁到她的职业发展。在双重威胁中我想起了凯茜，霍普也同意我将这件事告诉别人。

当我通过电子邮件和电话传出这个消息后，霍普马上开始接收到卡片、电子邮件和电话，连图图大主教也送来了特别祝福。他们都表示要为她祈祷。我们家好像变成了治疗中心。

霍普做手术那天，我开车送她到医生的办公室。医生切开了我们平时接吻、说话和吃饭时都会用到的圆形肌肉。她下唇的很多肌肉被切掉。在医生切开第一个切口以后，我和霍普在手术室等待化验肌肉组织。记忆中我所看见的景象，至今仍然让我非常难受。我平生最爱的人斜倚在手术椅上，下唇被切开，V形切口

处裸露着被切开的粉红色肌肉组织。

我静静地走过去摩挲着她的手,她立刻反抓住我的手。后来我问她当时在想什么,她说:"我试图让人们为我做的所有祷告都进入我的心中。"她敞开自己的心扉,去接受来自社区的爱的治愈性能量。那年夏天,我们的女儿和孙女以及霍普最好的朋友安都陪伴着我们。整个夏天都成为了治愈的季节,而不是疾病或悲伤的季节。这是社群习惯的意义之所在:它让我们接受到赐予力量的、改变人生的力量;在受造物的互动网络中,这种力量属于我们。我们每个人都在同时给予和接受能量,在彼此的能量交流中接受治疗并变得完整。

没有人确切地知道我们生病或健康的决定因素,也没有人确切地知道哪些东西能够帮助我们抵挡癌症等威胁。但我确切地知道:在我们每次因为威胁而非常恐惧的时候,如果带着团体的能量与威胁相抗争,我们就会拥有无穷的力量。

让光照进黑暗

在阿富汗坎大哈市的郊外,有一座米尔韦斯·梅纳女子学校。这座水泥建筑有两层楼高,周围矗立着高高的水泥护墙,以便保护里面的学生。在阿富汗,这所女子学校非常罕见,而这所学校距离塔利班创始人穆拉·穆罕默德·奥马尔的家乡只有大约20英里远。

这里是塔利班控制区的中心地带。一个早晨,沙姆西娅和阿提法·侯赛尼这对十几岁的姐妹正走在上学的路上,黑围巾遮住

第八章 社群的习惯

了她们的大半个脸。突然，几辆三轮摩托车从她们身边开过，每辆车上坐着两名蒙面男子。他们围着两个女孩转了几分钟，然后，其中一辆车在沙姆西娅的身边停下。司机坐着没动，后座上的男子却跳下来，透过面具问她："你去上学吗？"

蒙面人一把扯下了沙姆西娅脸上的围巾，另外一只手从背包上拽下喷雾枪，扣动了扳机。枪中装满的蓄电池酸液，立刻烧焦了她脸上的皮肤。女孩们尖叫着，沙姆西娅痛苦地捂住脸；阿提法试图逃跑，却被抓住了，她的背部也被喷上了电池酸。然后这些暴徒冲向另一群女生，丢下沙姆西娅躺在大街上。

袭击事件发生以后，米尔韦斯·梅纳女子学校的校长穆罕默德·卡迪关闭了学校，但仅仅关闭了一周。不久，校园里再一次人声鼎沸，洋溢着三百个女孩的欢声笑语。那天早上被烧伤的十一个女孩和四名教师几乎全部返校了。最令人惊讶的是侯赛尼·沙姆西娅，她不仅重新出现在学校里，而且积极活泼，在地理课上坐在最前排。她的半边脸上都是斑点状的猩红色疤痕。

当被问及为何返校时，她表达出了对自身及其祖国处境的卓越认识："那些肇事者不想让女人接受教育。他们希望我们愚蠢无知。"

卡迪找到坎大哈市的领导人，他们答应为学校提供校车和警察，并在校外的国道上设立人行道。然后，卡迪召集了家长会议。"我告诉他们，如果你们不把女儿送来上学，那么敌人就赢了。"他说，"我还告诉他们，不要屈服于黑暗。"

卡迪不再感到恐惧。是群体的力量让女孩们、她们的父母、校长以及阅读这个故事的你我充满的力量吗？阿富汗这些贫穷女孩的故事让我们每个人都经历了或大或小的转变。

校长所说的黑暗是基于恐惧的黑暗文化,这种文化可能存在于坎大哈市,也可能存在于堪萨斯州。当某些文化规范贬低、辱没某类人,将他们非人化时,那种文化就奠基于恐惧之上。在种族隔离的初期,我们看到了这种基于恐惧的文化,那时,美国白人不敢与非裔美国人在同一间教室上课——害怕他们颠覆我们对社会秩序陈腐而错误的理解。当有人要求圣公会允许妇女担任神父,而这又威胁到某个古老制度的父权制根基时,我们也看到了这种文化。而且,就在最近,当同性恋者为婚姻权而抗争,挑战异性相爱的古老爱情模式时,我们也看到了这种文化。

恐惧是特权与歧视等流氓式暴行背后的操纵力量。任何试图将神圣力量局限于"我这样的人"——无论是男性、基督徒、白人,还是异性恋——的行为,都奠基于恐惧的黑暗之上。问题在于我们是否屈服于那种黑暗,是否忘记了至爱者在世间和我们内心中所做的真正工作,或者是否在群体互相帮助之下仍然记得它。

沙姆西娅的故事表明了"社群的习惯"具有强大的、赐予自由的力量。其他学生、他们的家庭,当然还有校长,都基于爱的观点而实践着"社群的习惯"。因此他们能够同心协力,不屈服于黑暗。

从众心理的危险

人们需要通过群体来知道自己并不孤单,但当这种需要源于恐惧而非爱时,就可能会导致危险。正如我们在"慈悲的习惯"

第八章 社群的习惯

章节所谈到的,如果团体的成员都担心自己会因为与其他人的想法不同而被踢出去,那么这实际上就是些乌合之众。在当今社会,最极端的例子就是偶像崇拜,虽然我们可以识别那些要求支持者过分忠诚的危险团体,但当我们自己以偶像崇拜的方式来思考时,我们通常缺乏自知之明。甚至最善意、成熟、人道的灵修团体也可能在不经意间采取这种行为。

我的朋友奈尔讲述了她在大学期间经历的故事。一个男生和朋友约会,喝了很多啤酒和龙舌兰酒。约会快结束时,大家都喝得烂醉如泥,此时两人发生了口角。这名年轻男子被指控为约会强奸。这件事很快被校报和当地媒体报道出来。大家众说纷纭。很多人认为,男学生显然有罪;而另外一些人认为,这个女人明显在夸大事实,不能称作"强奸"。案件进入审判阶段。经过法庭上的漫长辩论,法院最终判定强奸证据不足,年轻人被宣判无罪。

当判决结果公布以后,女权主义者们组织了抗议。她们将印有嫌疑人头像的传单钉在校园各处的树上,数百名被激怒的年轻人——大多数是女性——聚集起来游行。他们情绪高涨,高呼大叫,愤怒地挥着拳头。他们一遍遍喊出被告者的名字,坚称他有罪。

起初奈尔也加入了游行队伍。女人之间本来就有同病相怜的倾向。在这种情况下,聚众的情绪强化了这种联系,随着越来越多的人加入游行队伍,这种情绪在逐渐膨胀。

但奈尔的一个朋友产生了怀疑。她看着四周愤怒的面孔,担心地说:"我们可能并不了解事情的来龙去脉。"

奈尔也开始感到有些不安。她在这里喊着这个男人的名字,这可能会伤害他。她抗议的是所谓的犯罪,还是被告本人?还是

关于被告无罪的裁决？审判过程是漫长而谨慎的。奈尔意识到自己在做臆断，被此刻的气氛冲昏了头脑，将事实和感受混淆了起来。这就是从众心理：在某种意义上来说，奈尔的思想在被人牵着走。当团体排斥异己或动辄对人评头论足时，它就可能产生有害的力量。

家庭可能会呈现出类似的动态。我们会渴望父母的认可，担心如果自己持有不同的价值观或意识形态，就会被赶出家门。哈特根斯家是个亲密的大家庭，大多数周日，他们会团聚在一起吃午饭，边吃边聊长达几个小时。讨论通常围绕着政治进行，后来会变得越来越激烈。四个成年子女已成家，在与父母或对方意见不合时，他们常常会发生争执。因此午餐充满了争吵，伤害了大家的感情，最终他们决定暂时不再谈论政治。

但是，团队并不意味着盲目服从，真正的团队能够包容异见，甚至鼓励不同意见和个性的存在。当拥有独立思考的人组成齐心协力的团体，欣赏和肯定相互之间的分歧并且不会因此互相排斥时，就形成了健康的社群。只有当哈特根斯家设法找到认同分歧的方法，放下让他们难以接受对方不同意见的恐惧时，他们才能真正成为灵活变通的、有益而健康的社群。

社群接纳差异

作为牧师，我会经常问自己和他人一个问题：正统神学的观点在多大程度上是由从众思维导致的？这个团体的成员需要在多大程度上放弃自己的思想，接纳公认的惯例？我也逐渐开始怀疑，正统在很大程度上根植于恐惧之中。

一天晚上，我在侍奉的教会主持查经班。正当我们深入进行讨论时，吉姆突然满脸通红，激烈地反对"同性恋者在教会中拥有权利"。他指着《圣经》作证，滔滔不绝地谈论着"正统"观点：《圣经》"反对同性恋"。那天晚上，听着他的话，我突然发现，他的言语似乎源于对某种无形东西的恐惧，这不是他平时使用的言辞，倒像是其他人事先写好的辩词。

查经班的成员珍妮谦和而实事求是地说："吉姆，我完全不同意你的观点。"她在实践坦诚的习惯。然后，她讲到自己丈夫的同性恋弟弟。他也是个虔诚的基督徒，与一个男子保持着长久而忠诚的关系。"我听到你从《圣经》中引用的全部论据，吉姆，只是我不相信我丈夫的弟弟是变态或可憎的。"珍妮继续说，"他是我们中的一员，就像你我是人类社会的成员一样。而且我相信他的伴侣爱他本来的样子，就像你、以斯帖、比尔和我在各自婚姻中那样。"

珍妮的措辞让在座的每个人都感到轻松自在。当然，她的话没有让吉姆转变立场，她在反驳时也无意这样做。她只是温柔地表达出真理带给她的信念。她的话对那个查经班来说是个祝福，鼓舞每个人在这种群体生活中找到自己的声音。讨论过程变得越来越活跃，似乎每个人都有权赞成或反对，并从日常生活和宗教传统的角度来表达自己的观点。

我发现，真正的群体不会表现出从众心理，而是鼓励大家澄清自己的价值观，而不必赞成团体其他成员的意见。从属于某个稳定的团体而又没有从众的压力，能够给我们的灵魂带来能量，这是其他经历很难做到的。

"氛围"的能量

我一生都在与各种各样的人聚会：信仰团体聚会、与朋友看晚场电影，或参加讲座、演讲或摇滚音乐会。每个聚会都有自身的能量。在我认识到这个道理的时候，我的父亲是个牧师，我每周会去教堂两次（每周日和每周三晚上）。任何特定的聚会都有其独特的身份，每个聚会给人带来的感受都与其他聚会大不相同，因为每个参与者都会给聚会的房间或场所带来能量。毋庸置疑，因为其他因素的影响，聚会的能量在活动过程中会发生变化。但在此处，我指的是活动开始时房间的集体能量。

演员经常会谈论"氛围"如何。他们会说"氛围很好"或"氛围不好"。从教会开车回家的路上，我的牧师父亲会说"今天上午的教会很属灵"或"今晚我们很难感受到圣灵"。这种现象一直让我大感不解，在我那个小小年纪，我以为这和某些人是否参加了教会活动有关。在我父亲所在的教会中，有些人非常贴心，他们尽心侍奉、积极快乐、鼓舞人心，还有一些人的能量则带着悲观、抱怨、非建设性的批评，以及对新奇事物的恐惧。直到我阅读了艾丽斯·沃克的小说《紫色》，我才更清楚地知道主日早上怎样才会有好的"属灵氛围"。

沙格·阿维利是浸信会牧师的女儿，也是《紫色》的中心人物。她绝不是个遵守教规的小姐，她继承了父亲的智慧、创造力和精神，却流连于世界、大街和低级夜总会酒吧。沙格离开了教会，不再参加教会侍奉。她坚持认为，教会的价值不在于人们周日聚集在那里，而在于他们带去了什么。

"说实话，你有没有在教堂找到上帝？"沙格说，"从来没有。我只看到成堆人等着上帝现身。我在教会中感受到的上帝，都是我心中本来存在的上帝。我认为，所有其他人也是这样的。他们来教会是为了分享上帝，而不是来寻找上帝。"

当我读到那段话时，顿时觉得豁然开朗。当我们无论以何种形式实践爱的习惯，让至爱者将我们从充满恐惧的自我改变成充满爱的自我时，所有的个体都变成了一个团体。当马特·洛热兰失去妻子利兹以后，对未来的恐惧压垮了他，通过在博客上倾诉，他不经意地创建了团队；当老师对不听话的学生展示慈悲，而不是愤怒地对待他们时，他/她就能和他们找到共同点，成为团队而非擂台上的对手；同样，老板也可以不将自己与同事隔绝起来，而是通过对话让大家自由地表达意见和提供见解。通过给予和接受，团体得以强化，恐惧减少，每个团体成员的心灵会变得越来越开放。

因此，我们必须能够为团队付出，同时接受它的祝福。我曾经无意中听到一个瑜伽老师对他的学生说："谢谢你今天将你的能量带到这里。"这是我父亲以及各个时代的无数宗教领袖、演员、音乐家、舞蹈家、演讲者、教师和言说者所感受到的真理：感谢那些带来社群精神的人们。

如何实践社群的习惯

我们终身都需要远离与世隔绝和从众思维，走向充满温暖和力量的社区。你要怎样讲述自己的这段旅程故事呢？你是否曾经感到自己与别人迥然不同，觉得自己并非人类大家庭的成员？是

否在某些时候,因为某个人或某种经历打破了那种隔绝感(比如默顿与世隔绝的错觉),让你觉得自己和其他人(尤其是那些不同的人)实际上是彼此相连的?而团队归属感并不取决于你是否像其他团队成员那样行动和思考?这就是社群的体验。

　　我希望并相信,每个人都可以体验社群的美好和治愈力量。通过积极地表达爱心,与我们内心的"至爱者"交流,我们就可以共同谋划,将整个世界变成以爱为根基的大社区。"共同谋划"(conspire)这个词的意思是"共同呼吸",当然,这是我们大家都渴望实现的约定。

✧ 自觉地选择与那些充满爱和正面能量的人共处,而不是与那些排斥不同意见或喜好说教的人共处。我们都曾经有这样的朋友:他们索取的比给予的多,总是给我们泼冷水,无论我们怎样闪避都会将恐惧传递给我们。反思你与这些人的关系,并慈悲地对待他们。坦诚的习惯也许有助于让你们的交情从消极转变成积极。有些人周围会聚集很多爱而非恐惧的能量,当我发现自己被这些人深深吸引时,我会深受启发。他们会激励我毫无恐惧地生活的愿望。我觉得我们最深切的愿望就是自由。每个人心中的至爱者的愿望就是获得自由。那些社群的习惯的实践者始终影响着我,让我每天的生活都变得更自由。

✧ 留意家庭、生意场或社交网络中那些喜欢将人分为三六九等并加以褒贬的人。反过来,在你的生活中,是否有人会倾向于强调每个人之间的相互联系?和他们共处的感觉如何?他们是否有充满爱或恐惧的明显趋势?"ubuntu"、"aloha"精

第八章 社群的习惯

神和社群的习惯的本质在于：我们无法独自成为心灵开放的自我。你的家人、朋友和同事中有哪些人能够鼓励你实践社群的习惯？确保自己有机会与他们对话、吃饭，甚至共同静修。

✧ 如果你还没有找到某个真正的社群，能够经常让自己和他人摆脱恐惧，那么，就真诚地寻找社群的成员，并了解社群在他们的生活中所扮演的角色。他们的社区是否吸引你？如果不是这样，也许你们可以组建新的团体。您可以以本书为起点，与他人展开讨论，你们可以在当地的图书馆、你的教区或咖啡馆进行讨论。然后，接着讨论其他书籍和资料。这样做的目标就是：加深你对"我们在故我在"的理解。

✧ 对于某些人来说，社区的理念的确令人望而生畏。也许你更喜欢自己安静地思考。如果是这样，建议你以其他方式寻找团队：参观艺术画廊、看书、看电影。找机会打开自己的心灵，了解他人的忧虑、梦想和想法。这会充实你的心灵，让你融入更广阔的思想和想法世界中。此外，参加徒步或跑步俱乐部等户外组织，可以让你在闲聊之外做些其他的事情。你可能会发现，不需要做出特别的努力，你四周就自然地形成了社区。

✧ 对于那些希望与社区建立强大联系却对社交感到尴尬或害羞的人来说，可以练习静默，让自己看到心灵深处的力量。相信安住在自己心中的至爱者能够让你轻松自如地与他人建立

起私人关系。还要记住，并不只有你怀着这种情绪。许多人都是这样的；现在是你和他们"倾诉"和分享的时候了。

✦ 你是否感到，你所选择的社区与你之间存在着鸿沟，某种莫名其妙的东西将你隔绝开来，让你无法感受到周围的人似乎都享有的那种相互联系？如果是这样，此时接纳求真的习惯，并修习静默，尽可能客观地观察自己的内心深处，扪心自问，自己是否对他人的疏远负有责任。尽量诚实地检视自己，你是否在评判或排斥他人，这是否也导致他们以同样的方式对待你。如果找不出原因，下次参加社区活动时慷慨地对待别人，看看这样是否能推开那扇门。

✦ 如果你是某个正式或非正式社区的成员，问问自己，这个群体的能量和状态是否源于其排他性或包容性。它是坚持统一思想，还是鼓励成员独立思考，拥有不同的意见？还记得查经班上关于同性恋的争论吗？群体不必始终保持一致或和谐，而应该鼓励每个成员自由发言，活出自己的真理而不遭到排斥，尊重每个人的差异性，让每个人都可以分享至爱者的光明。

最后的话

如果心儿害怕破碎

就永远无法学会起舞

如果害怕从美梦中醒来

就永远也抓不住机会

如果不愿付出

就永远没有回报

如果灵魂害怕去死

就永远学不会怎么去活

——阿曼达·麦克布鲁姆①,《玫瑰》

亲爱的朋友：

我们在共同走过这段旅程，但还没有到达终点——现在我们

---

① 阿曼达·麦克布鲁姆（Amanda Mcbroom，1947~），美国女歌手、歌曲作家。

还在起点。你知道,纯洁之爱的轨迹总是会不断向前。毫无阻碍的爱之能量既不会紧紧抓住过去不放,也不会执着现在。它不会让我们流连于因循守旧的、已被证实的、不断重复的安全壁垒中,而是会敦促我们前进。所以,我也希望你们能接受本书中的内容,然后消化它,怀着爱的精神继续前行。

正如前文所说,虽然敞开心灵以后,生活会变得最充实,然而,有时并不容易做到。在人生的每个转折点,你都要迎头面对自身的恐惧。那种能量会让你变得软弱,阻碍你充分发挥全部的潜力,并帮助其他人达到这样的目标。有时候,你肯定会觉得自己缺乏坚韧、意志甚至欲望来挣脱恐惧。也许,很长时间以来你都活在恐惧之中,恐惧好像就是你的大本营,是你默认的人生姿态。但爱告诉我们,我们可以相信——事实上,为了自身和这个世界,我们也必须相信——爱比恐惧更加强大。为了自由而畅通无阻地生活在温暖、灿烂的爱之光中,我们必须打破恐惧。

虽然熟悉的事物可能会给我们造成痛苦或阻碍,我们往往能从中找到安慰。我们需要勇气才能走出舒适的生活,去接受未知的事物。"危难之中见勇气"——在纳尔逊·曼德拉被囚禁于罗本岛(Robben Island)的几十年以及随后的岁月中,正是这句话引导着他。这句话来自南非首位诺贝尔和平奖得主阿尔伯特·卢图利酋长[①]。此刻,爱的八种习惯呼吁你怀着类似的勇气、信心和毅力来直面危险和恐惧。

所以,我要对你说:朋友,危难之中见勇气。危难之中见勇

[①] 阿尔伯特·卢图利酋长(Chief Albert Luthuli,1898~1967),南非祖鲁族人,教师、政治家,因为反对种族隔离制度而在1960年获诺贝尔和平奖。

气。危难之中见勇气。

通过探索这些习惯并系统地将它们运用到日常生活当中，我希望你能意识到并感觉到：你其实有能力敞开心灵，在每天中选择将恐惧抛在身后，过完满而幸福的生活。在你的内心最深处，你已经拥有了那种力量。

爱的这八种习惯会帮助你告别索然乏味的（而非充满活力的）、沉闷的（而非欢快的）生活。你会放下积怨，放下对自己或他人的责备。所有的陈年旧怨、徒然寻求完美的愿望以及重温旧梦的愿望——都将成为过去，随风而逝。

我们很容易就会死死地执着于自己对理想生活的幻想和期望。这种执着很容易阻碍我们，让我们不相信自己能够过充满爱而非恐惧的生活。我们严格地规划自己的人生蓝图，以致往往看不见至爱者已经在前方道路上为我们预备的祝福和新事物。敞开我们的心灵以后，我们就能开启理智，学会放下过去，迎接新的生活。放下那些让我们变得沉闷（而非新鲜）而倦怠（而非精力充沛）的事物，为新奇和变化腾出空间。合上这本书时，请在内心最深处做个决定：每个时刻都生活在爱的当下。对遇到的每个人说"我爱你"，这样他们就可以回答你说"我也爱你"。

当星期天早晨六点开车上班时，将车开出车道以后，我就立刻将收音机调到KPFK听《福音经典》节目。埃德娜·塔图姆解说着这些歌曲，她往往会在歌曲的间隙大叫："起床，起床，起床！醒醒，醒醒，醒醒！"

如果醒来后，因为懊悔或怨恨往事，或担心或害怕那些完全无中生有的事情，你发现自己感到厌倦、沉闷、睡眼惺忪，那请"醒来，醒来，醒来"，活在当下的爱之中。

最后,我的朋友们,我想和你分享我最喜欢的故事。从前有个小男孩,非常想当钢琴演奏家。他的母亲决定为他买音乐大师的音乐会门票,让他儿子向他学习。他们来到一个巨大的音乐厅,伟大的波兰钢琴家伊格纳奇·扬·帕德瑞夫斯基当天下午在那里演出。坐定之后,母亲看到有个朋友坐在大厅的另一边。她告诉儿子,自己要离开片刻,过去打个招呼。

这个小男孩很好奇。于是,他决定起身,独自探索一下音乐大厅的奥秘。那扇挂着"闲人免进"标牌的门,自然对他最有吸引力。

当灯光变暗,音乐会即将开始,妈妈赶紧回到自己的座位上。她发现孩子不见了踪影,这时,帷幕拉开了,聚光灯照在舞台中央精美的斯坦韦钢琴上。她惊恐地看到自己的儿子正坐在键盘前,浑然不觉地弹着"一闪一闪亮晶晶"。

那位著名的钢琴大师蹑手蹑脚地进场,转身面向观众,手指按着嘴唇,像是要叫大家别做声,然后迅速走到钢琴旁边。他在板凳上坐下,在小男孩的耳边低声说:"别放弃——别停。继续弹。"说着,帕德瑞夫斯基俯下身子,用左手弹奏着低音声部。他将右手绕到孩子身体的另一侧,加上连续的助奏。这样,这个老年大师和这个年幼新手,将可怕的状况转变成了一种全新的体验。

此刻,你和我就是坐在那架钢琴边的那个孩子。

演奏有时会变得很难。你我会犯错误,我们会变得不和谐。然而,无论我们的生活和历史遭遇如何,无论我们有多么愤怒或绝望,无论灵魂有多么干涸或处于怎样的暗夜之中,无论什么诱惑让我们变得愤世嫉俗,无论我们多么渴望要演奏得更好,我们都并不孤单。

爱已经在我们的琴凳上就坐,并在我们生命的深处低声轻语:别放弃——别停。继续弹。你并不孤单。我们会共同将这个破碎的世界变成公正的杰作,共同弹奏起恒心与和平之歌,让我们的世界发生神奇的改变。

致　谢

　　许多同事、朋友和家人都为本书及其观点提供了不可或缺的帮助和灵感，并做了大量工作。对此我无比感激，感谢他们每一个人。

　　我的版权代理人伊娃·布利德伯格已经成为我可靠而可信的朋友、知己和向导。在我从构思到写作本书的整个过程中，伊娃都展现出了极大的想象力、爱心、耐心、智慧和良好的幽默感。她不仅是个出色的事业女性，也是个深邃的思想家、充满激情的梦想家，她的活力和洞见贯穿了本书的每一页。伊娃对于我和这本书都充满了信心，这始终让我深受裨益。斯图尔特·霍维茨是我的出版顾问和策划编辑，他从最初就全身心地投入本书之中。他的专注、他对畅销书关键要素的洞见，以及他自身在生活中对爱的习惯的有力实践，帮助我形成了本书的血肉、筋骨和神髓。卡特琳·舒曼是个出色的作家，在我不得不集中精力和时间应对教牧需求、挑战和应酬时，她帮我最终完成了本书。卡特琳出色地重新组织了本书的结构，流畅而生动地阐述了我的观点，并

致 谢

通过生动的细节和她善于讲故事的卓越能力,为我的故事赋予了更大的生命力。Grand Central 的编辑穆尔格罗冒着巨大的风险,将我纳入她的作者圈。她善良而严谨,整个出版过程处处体现了她的才华和洞察力,并给"出版"这个字眼赋予了新的含义。在整个过程中,杰米·拉布的支持也让我倍受鼓舞。此外,我要深深感谢查杰里、舒斯特、哈姆斯沃思文学机构、Grand Central Publishing 和 BookArchitecture 的所有工作人员,感谢他们为本书所付出的无微不至的努力。而如果本书存在任何缺点和错误,由我本人承担全部责任。

丰盈的生活源于独处与社群生活的平衡。我很感激帕萨迪纳诸圣堂的教众、委员会以及教会职员们,他们让我享受了长达四个月的休假时间,在那段时间里,我大都在独处中度过;我也很感激那些为我提供安静写作空间的朋友,他们支持我,鼓励我,让我的想法得以成形:谢谢你们,阿德莱德·希克森、安·鲁特福德、凯瑟琳·巴科克、罗布·弗洛、玛格莱特·库宁汉姆、卡勒·瓦科特–让兹、艾德·让兹。

爱的第八个习惯——社群的习惯——告诉我们,我们不可能独自过着充满爱的生活。也没有人能独自写作一本书。我当然也不能。

本书的观念是在诸多充满爱的信仰群体的共同熔炼下形成的,其中包括:韦恩县浸信会、佐治亚的奥德姆、格尔迪和阿尔塔玛哈社区;范德堡大学的本顿教堂;田纳西州纳什维尔市的新教堂,和佐治亚州梅肯市的圣保罗主教教区,亚特兰大的圣安妮和圣卢克教堂;佐治亚州道尔顿市的圣马可教堂;密西西比州杰克逊市的圣安德鲁教堂;帕萨迪纳的圣公会教堂;加利福尼亚州

洛杉矶的多洛雷斯教会。

我也衷心感谢圣玛丽教会的姊妹们、耶稣圣心会以及耶稣会和圣约翰福音协会的弟兄和牧师们的祷告指引。

我在利奥·拜克会堂、伊卡尔会堂、帕萨迪纳犹太中心和会堂，以及南加州伊斯兰中心等犹太和穆斯林信仰群体中，找到了灵性归属，并对此心怀感激。

在我写作本书期间，我的妻子霍普腿部骨折。许多好友帮助我照顾她，使我白天可以在圣公会工作，"下班时间"可以写作。因此，他们为本书作出了不可估量的贡献。我要在这里深深感谢维克多·肯扬·布朗、贝丝·豪斯坎普、盖尔·洛瑞，克里斯蒂安·福斯特和丽莎·范·斯科特。

在过去的十五年里，我的行政助理麻仁·汤普金斯始终帮助我有效地安排生活。她谦和文雅，在我的忙乱生活中，始终给我带来宁静，为此我要对她深表谢意。

我母亲纳奈尔·苏仁茜·培根是这本书的幕后功臣。她向我和我亲爱的弟弟威尔，以及我们的家人展示了爱的所有八种习惯。在我认识的人中，母亲属于最积极的人。她相信"家庭胜过良药"。我很感谢她、她的五个兄弟姐妹，以及他们的家人。我和父（母）家的堂（表）兄妹们的交情是最珍贵的情谊。

女儿和儿子——艾丽斯·培根·拉格隆和彼得·埃德温·默顿·培根——的亲切情谊，给我与妻子霍普带来了无尽的欢乐。我们很感激他们在三十年前降生到了我们家中。我们更高兴，到现在为止他们仍然是我们最好的朋友。他们的伴侣希思和朱莉，以及他们的孩子莎拉和卢克，给我们带来了极大的乐趣。

我的妻子霍普从未质疑过我对哲学、宗教、灵性或真理的任何观点。自 1968 年以来,她始终是我的参照点,是无条件之爱的源泉,也是我的灵魂之友。我爱她不拘礼节的敬虔精神。能够将本书献给她,让我感到荣幸而激动。她身上具有的改变生命的、持久的冒险精神至今仍然吸引着我,而本书只是这种精神的朴素而有形的标志。

作者附言

在本书中,我分享了很多朋友、教友和同事的故事,借此来阐释我的信念和建议。本书中有些故事的主人公只提到了姓氏,而隐去了名字,以便保护个人隐私。少数故事是根据具有类似经历者的轶事改编而成的。若故事中提到了完整的姓名,则是真人真事。

图书在版编目（CIP）数据

爱有 8 种习惯：消除不安全感，让生命自由安宁 /（美）培根
（Bacon, E.）著；聂传炎译 . -- 北京：中央编译出版社，2013.11（2019.1 重印）
书名原文：8 Habits of Love: Overcome Fear and Transform Your Life
ISBN 978-7-5117-1821-1

Ⅰ . ①爱… Ⅱ . ①培… ②聂… Ⅲ . ①个人—修养—通俗读物 Ⅳ . ① B825-49

中国版本图书馆 CIP 数据核字（2013）第 243798 号

© 2012 by J. Edwin Bacon,Jr.
This edition published by arrangement with Grand Central Publishing,
New York, New York, USA. All rights reserved.
Simplified Chinese edition © 2013 Beijing Beans Book Co.,Ltd
All rights reserved.

爱有 8 种习惯

出 版 人：	刘明清
出版统筹：	薛晓源
责任编辑：	饶莎莎
执行编辑：	廖晓莹
出　　版：	中央编译出版社
地　　址：	北京西城区车公庄大街乙 5 号鸿儒大厦 B 座（100044）
电　　话：	（010）52612345（总编室）（010）52612313（编辑部）
	（010）52612316（发行部）（010）52612346（馆配部）
传　　真：	（010）66515838
经　　销：	全国新华书店
印　　刷：	河北鹏润印刷有限公司
开　　本：	787×1092mm　1/16
字　　数：	160 千字
印　　张：	15.5
版　　次：	2013 年 11 月第 1 版
印　　次：	2019 年 12 月第 3 次印刷
定　　价：	32.80 元
网　　址：	www.cctphome.com　　邮　　箱：cctp@cctphome.com
新浪微博：	@ 中央编译出版社　　微　　信：中央编译出版社（ID：cctphome）
淘宝店铺：	中央编译出版社直销店（http://shop108367160.taobao.com）（010）55626985

本社常年法律顾问：北京市吴栾赵阎律师事务所律师　闫军　梁勤
凡有印装质量问题，本社负责调换。电话：（010）55626985